Mode d'Emploi

La vie est ce que vous en faites !

Relecture : Antonorer
Correction : Antonorer
Autres contributeurs : Vesty

Édition : BoD · Books on Demand, 31 avenue Saint-Rémy, 57600 Forbach, bod@bod.fr
Impression : Libri Plureos GmbH, Friedensallee 273, 22763 Hamburg (Allemagne)

ISBN : 978-2-3225-5105-7
Dépôt légal : Août 2025

Mode d'emploi

La vie est ce que vous en faites !

Mode d'emploi

La vie est ce que vous en faites !

Cet ouvrage a été écrit pour répondre à la demande faite par l'auteur. Répondre à la petite fille qui ne comprenait pas le sens de cette vie. C'est un cadeau fait a posteriori. Une synthèse de différentes règles et lois régissant les mondes, les univers et les dimensions. Il s'agit de permettre à d'autres enfants, à d'autres êtres de pouvoir comprendre ce monde, et ainsi reprendre le cours de leur vie ici, dès aujourd'hui. Cette demande faite par lis'âmOr lorsqu'elle était petite fille trouve enfin sa réponse à travers ces lignes.

Son expérience de vie lui a permis d'intégrer à son quotidien la plupart des conseils ici répertoriés. Son cheminement a été celui que beaucoup d'entre vous peuvent encore supporter. De l'ombre à la lumière résume le parcours qu'elle a dû entreprendre afin de réussir à s'aimer.

Méthode d'utilisation de ce manuel

Ce mode d'emploi est là pour vous aider à intégrer et faire vôtre les universelles.

Ces règles sont valables pour chaque vie et chaque réalité que vous vivez.

Vous pouvez aussi vous en servir comme un oracle qui répondra au plus près de ce que vous vivez dans l'ici et maintenant.

Il s'agit d'un partenaire qui au quotidien ou au besoin vous apporte un éclaircissement sur ce que vous vivez.

Il permet de recentrer vôtre attention sur ce qui compte vraiment...

Introduction aux énergies

Au commencement, il y a vous, à la fin il y a vous.

Ce postulat est la base de ce livre. Certaines notions importantes dans ce livre vous sont expliquées dès à présent.

<u>Tout est énergie.</u>

Tout ce que vous voyez, entendez, sentez, goutez, touchez est énergie. Même ce que vous ne pouvez percevoir par vos sens l'est aussi.

Une grande partie de l'énergie échappe à vos sens.

Tout ce qui est, tout ce qui vit est énergie, mais aussi ce qui ne vit pas.

Tout ce qui émane de vous est énergie. Vos pensées elles aussi en font partie.

Vous interagissez sans cesse avec le Tout sans même vous en apercevoir.

Votre empreinte énergétique est unique, elle est la photo précise de ce que vous vibrez ; de ce que vous envoyez dans l'univers.

Chaque instant, l'univers entier réagit à chacun des êtres qui le peuplent.

Que vous viviez dans une totale harmonie ou dans le chaos le plus total, cette vie est la vôtre et vous avez la possibilité de changer ce que vous désirez.

Vous êtes tous des êtres divins, des êtres surpuissants avec toutes les options possibles.

Votre libre arbitre est un pouvoir inaliénable.

Vous avez cru à tort que vous étiez faible et dépourvu de pouvoir ; c'est parce que vous y avez cru que c'est devenu vrai dans votre réalité.

"Ça marche vraiment comme ça ? " Oui.

Vous êtes tous des êtres essentiels. Tous différents, vos potentiels sont infinis.

Vous êtes tous issus de la création parfaite de l'univers.

La vie sur cette Terre est une expérience grandeur nature.

Vous êtes venus dans la matière pour vous dépasser, pour vous retrouver.

Vous saviez que vous incarner ici est synonyme de challenge que vous aviez décidé de relever.

Rien ne vous a été imposé.

Un nouveau départ, une nouvelle vie

Partir d'une feuille blanche serait l'idéal pour avancer serein dans cette vie.

Dans les faits, c'est ce qu'il se produit.

Votre naissance est pareille à un reset total. Vous permettant de repartir dans cette nouvelle vie à zéro.

À votre naissance, vous êtes telle une éponge qui absorbe rapidement ce qui l'entoure, ce avec quoi vous êtes en contact permanent.

L'influence de la famille est alors primordiale. C'est la raison pour laquelle vous l'avez choisi, même si vous l'avez oublié.

Beaucoup d'entre vous se plaisent à penser que les êtres qui sont les plus proches de vous ont été assignés de manière aléatoire. Qu'il s'agirait de la faute de la chance ou de la malchance, que certains aient tiré le bon ou le mauvais numéro.

Tout ceci est faux.

- <u>Le Karma</u> est l'équilibre naturel qui se fait entre vos actions et tous les intervenants de l'univers.

Vos choix : actions et paroles ont un impact sur la totalité. Cet impact fait se propager une onde qui parcourt l'univers pour revenir à vous.

<u>Tout dans votre vie part de vous et vous revient.</u>

Les contrats et objectifs

Il est important que vous sachiez que pour cette vie et toutes les autres passées, vous avez choisi ce que vous vouliez vivre, apprendre, comprendre...

Pour vous expliquer, cela se passe comme suit.

À la fin de chacune de vos vies, vous revoyez vos actes passés vus à travers le regard des autres, ceux que vous avez côtoyé.

Vous vivez en accéléré la masse de tous vos actes passés dans la peau de ceux que vous avez côtoyés ; c'est vous qui décidez pour vous-même ce que vous voulez pour équilibrer et vous pardonner à vous-même ces actes que vous avez aux autres imposés.

Vous choisissez ensuite ce que vous souhaitez expérimenter pour continuer votre cycle de réincarnation.

Ce cycle, que vous avez voulu entreprendre puisque vous êtes ici, a pour but premier de vous permettre de retrouver « la source d'amour que vous êtes ».

Vous avez choisi de venir dans cette vie. En étant parfaitement conscient des défis immenses que vous alliez relever en vous incarnant sur la Terre-Mère.

Tout se fait petit à petit.

Les premières incarnations vous permettent de réapprendre les bases du « vivre ensemble », rappelées dans les commandements et les lois comprises et validées par l'humanité ; ex. : respecter la vie, ses parents pour l'étendre à autrui...

Les défis sont plus ardus à mesure que vous avancez dans votre cycle d'incarnation.

À noter que lorsque vous vous demandez pourquoi certains peuvent passer entre les mailles du filet, tandis que rien ne vous est épargné :

"C'est parce que vous savez, et qu'il vous est donc interdit de régresser. "

Le droit à l'erreur vous est bien entendu assuré, c'est le principe même de l'expérimentation. Vous êtes venu apprendre et expérimenter pour intégrer de nouvelles capacités, qui sont en lien direct avec votre divinité.

Votre divinité est la partie de vous qui est présente de toute éternité. Elle est parfaite, et nul n'a la capacité d'abimer ou même d'approcher votre être véritable, inviolable et inaltérable.

Vous êtes venu vous confronter à vous-même.

D'une vie à l'autre, vous avez choisi de naitre dans votre famille, dans ces lieux où vous avez grandi.

Ces choix fait en conscience pour être celui que vous êtes aujourd'hui.

Certains ont choisi de s'amputer de capacités, qu'elles soient physiques ou mentales, pour s'absoudre de faits passés, ou tout simplement expérimenter.

Tous les choix de vies sont validés par l'univers.

De votre point de vue, une vie peut paraitre plus enviable que d'autres.

Vous n'êtes pas venu vivre les mêmes choses.

Avant de vous incarner, vous avez mis en place avec d'autres les moyens pour vous permettre de vivre les expériences nécessaires à l'obtention de vos leçons de croissance.

Par exemple : si votre souhait est d'apprendre la leçon de croissance du pardon, il vous faudra encourir des blessures profondes qu'il faudra réussir à pardonner.

Chacun a ses propres buts d'incarnation.

Les gens, les expériences, les situations ont été prévus pour vous aider à atteindre vos objectifs, qu'ils soient à atteindre seul ou accompagné.

Ces épreuves mises en place par vous-même ont été validées et entérinées.

Comprenez que certains êtres que vous considérez comme des ennemis avaient pour mission de vous pousser à vous réaliser.

Ils vous ont délogé de votre zone de confort, parce que vous aviez mieux à faire lors de cette incarnation.

Voici la description du but premier d'une incarnation.

Les Contrats d'âme

Plusieurs êtres, qui eux aussi ont voulu s'incarner avec vous, sont venus pour vous permettre d'apprendre les leçons que vous aviez choisi d'intégrer.

Des contrats d'âme ont ainsi pu être passés. Ils ont choisi de vous accompagner et de vous aider dans votre avancée par amour pour vous.

Les êtres qui vous ont enseigné les leçons les plus fortes se devaient de vous les inculquer.

Certaines de ces épreuves vous ont beaucoup éprouvé... Seul vous, saviez ce que vous étiez capable de supporter, capable de surmonter, pour réussir à vous retrouver.

Vous avez ainsi choisi les grandes lignes de votre destinée ; mis en place les obstacles et rencontres essentiels à votre développement.

Mais rassurez-vous, vous gardez toujours votre libre arbitre ; ce choix intrinsèque à cette vie, comme à toutes les autres.

Rappelez-vous que vous faites des milliers de choix en moins d'une journée.

À noter que « Ne rien faire » est aussi un choix.

Dites-vous que chaque instant possède en son sein un début et une fin potentiels que vous pouvez choisir d'activer ou non, **c'est votre choix.**

Vous comprendrez bientôt que votre pouvoir de décision fait partie intégrante du pouvoir qui vous a été remis depuis avant votre naissance.

Tous les enfants de l'Univers, de par les lois qui le régissent, ont la capacité de choisir en leur âme et conscience pour eux-mêmes.

Vous aurez des choix à faire tout au long de votre chemin de vie.

Les expériences, les situations sont parfaitement adaptées à qui vous êtes maintenant.

Les dimensions

- De nombreuses dimensions se jouxtent, se chevauchent, s'entrecroisent.
- Toutes ces dimensions sont réelles et coexistent en même temps.
- Elles sont différentes et complémentaires.

Tout ce que vous créez est immédiatement matérialisé dans d'autres dimensions plus subtiles avant de se matérialiser à vous.

C'est l'énergie que vous prodiguez à vos idées qui influence leur matérialisation dans votre réalité.

Les détails sont importants, car ils participent à étoffer votre vœu, à lui donner plus de corps et à renforcer plus encore sa matérialisation.

C'est maintenant que vous créez instantanément pour vous-même.

L'univers à votre écoute en permanence, vous renvoie exactement ce que vous vibrez exempt de jugement.

Qu'est-ce que l'Univers ?

La toute-puissance créatrice. Difficile de décrire précisément ce qu'il est difficile de concevoir.

Comment décrire ce que le mental peine à percevoir. Il est limité.

Sans forme précise, il est partout à la fois. Présent en chacun, en chaque particule.

Il est celui qui s'occupe de faire battre votre cœur, il est dans chacune de vos cellules, présent à tout moment prêt à répondre à la moindre de vos demandes.

Il est le tout. Il est le maillage reliant chaque être. Témoin de chaque existence.

Parent dévoué, présent pour chacun de ses enfants. Connecté à tous en même temps, lui permettant d'expérimenter toutes ces vies que vous incarnez.

Attendant patiemment que chacun se reconnaisse. Un retour à votre essence, où vous vous rappellerez que vous êtes l'amour incarné.

L'Univers bienveillant a accédé à votre demande.

Ce parent aimant inconditionnellement chacun de ses enfants a comme toujours répondu présent à votre demande.

Pouvoir dilué

Il vous est confié un pouvoir infini, seul vous pouvez le confier à d'autres. C'est votre choix de vous retrouver dépossédé de votre socle vital indispensable à votre incarnation en ce monde.

Beaucoup se retrouvent à survivre au lieu de vivre la vie que vous aviez choisie alors.

On vous a fait croire que :

- Seul, vous ne pourriez arriver à vous en sortir.
- Vous étiez impuissant.
- Vous étiez l'un parmi tant d'autres.
- Vous étiez interchangeable, remplaçable, négligeable...

Tous ces mensonges nourris par vos croyances depuis tant de générations. Un gâchis au regard des êtres divins que vous êtes tous en vérité.

Il a été facile de vous faire croire ces énormités, vu que vous avez hérité des croyances de vos prédécesseurs tant aimés.

À aucun moment, vous ne vous êtes douté que ce sont ces croyances et pensées qui vous ont tant porté préjudice au cours de ces années.

Voilà pourquoi il s'agirait dans le meilleur des cas de partir d'une page blanche pour y intégrer toutes ces vérités et tous ces conseils qui vous seront ici prodigués.

Dans votre cas, il vous suffira (même si ce n'est pas une mince affaire) de faire dans un premier temps le tri dans toutes vos croyances, connaissances et pensées prises pour vraies.

Décortiquez les pensées qui vous semblent normales d'avoir. Ces évidences sont ancrées en votre être, elles génèrent donc une vie résultant de celles-ci.

Limité

Ces pensées sont appelées « limitantes », et comme leur nom l'indique, elles vous empêchent de dépasser un périmètre établi.

Si vous pensez qu'il est impossible de réaliser quelque chose, comment pouvez-vous le rendre possible ? Alors ce sera d'autres qui n'ont pas ces limitations qui pourront accomplir ces prouesses que la majorité pense impossibles.

Tout comme les pensées et jugements que vous portez sur les autres et sur ce qui vous entoure, influencent aussi ce que vous vous permettez de vivre.

Si vous pensez que les êtres qui sont riches sont « mauvais, radins, pourris » ; c'est une certitude : vous ne pourrez devenir riche à votre tour.

Faire dans un premier temps le tri de tout ce qui influe sur votre champ vibratoire est primordial.

Le champ vibratoire, c'est tout ce qui est en rapport avec vous. Tout ce qui vous touche.

Le tri d'une vie

Une fois le tri effectué, vous pourrez aborder l'essence de ce qu'est cet ouvrage, qui vous apporte ainsi les clefs pour diriger votre vie comme vous le souhaitez.

À noter : cette vie est une expérience que vous menez avant tout pour vous-même.

Rien d'égoïste dans tout cela.

Une base : vous-même

Il s'agit de remettre les bases de l'amour de soi, générateur d'amour sincère pour les autres.

Recentrez-vous sur vous-même et vous constaterez que :

- Le monde qui vous entoure est le résultat de ce que vous choisissez de penser, de croire.
- Le verbe est créateur de vie.
- La responsabilité est un cadeau qui vous permet d'être libre.
- Chaque instant est un départ et un arrêt potentiel.
- Tout peut très vite changer.
- Votre réalité s'adapte chaque instant à vos moindres pensées.
- Vous êtes un être multidimensionnel, dont la portée et les actes impactent la totalité.
- Tout part toujours de vous.

C'est un résumé non exhaustif de ce que vous aborderez ici.

Comprenez que, le propos de ce livre est de vous remettre les clefs de votre propre destinée, de vous donner les lois qui vous sont appliquées, que vous en soyez conscient ou non.

Ces lois régissant tous les univers s'appliquent aussi à vous. Vous faites partie du tout.

Prenez connaissance des leviers d'actions que vous avez. Ils vous permettront d'interagir avec le tout en conscience.

États des lieux

Pilotage automatique

Beaucoup d'éléments vous concernant échappent à la lumière de votre conscience. En prenant le temps de vous faire face, vous pourrez recentrer votre attention sur le véritable être que vous êtes.

Avant de commencer à vous regarder vraiment, il est important d'ôter tout jugement de l'équation. Un regard bienveillant, une écoute sincère, dont les aprioris et pensées arrêtées sont expurgés.

Il peut être difficile de se faire face vraiment au début ; pour vous y aider, vous pouvez commencer par constater ce qui se passe autour de vous :

> ➢ Que remarquez-vous?
> ➢ Comment sont les êtres que vous rencontrez ?
> ➢ Vos interactions sont-elles celles que vous souhaitez avoir ? ...

Ces questions vous permettent dans un premier temps de vous donner votre température intérieure, c'est possible parce que l'autre est votre reflet.

Vivre en conscience

Nous allons ici partir d'un principe clef : vous êtes celui autour de qui votre vie s'articule.

Tout part de vous.

À l'annonce de ces mots, ne prenez pas peur. Cette responsabilité conditionne une magnifique nouvelle : vous pouvez tout modifier dans cette vie qui est la vôtre.

Il est important de chasser au plus tôt honte et culpabilité qui n'ont ici aucun droit de cité.

Vous êtes le centre de votre vie.

Vous êtes le maitre de votre vie.

Vous avez la possibilité de choisir quel type de vie vous souhaitez vivre.

Qu'il s'agisse d'un drame, d'un film d'horreur ou à l'eau de rose, vous choisissez ce qui vient à vous sans même vous en douter, vous êtes l'instigateur de votre vie.

Vous êtes un être divin qui, sur son destin, détient tous les pouvoirs, ce que vous croyez, pensez, désirez attire à vous une réalité parfaitement adaptée.

Inutile d'objecter que ce n'est pas ce que vous vouliez, dans les faits, cela a été désiré par vous sans que vous compreniez comment utiliser ce pouvoir inné.

Prenez le temps de vous ausculter, d'écouter vos pensées répétées, quelles sont celles qui se présentent le plus souvent à vous.

Croyances, pensées, déclarations dans votre quotidien

Regardez dans vos croyances, celles qui vous ont accompagné depuis votre plus jeune âge, celles transmises par vos parents et êtres chers, ainsi que celles que vous avez choisies sur votre chemin.

Dites-vous que ces croyances qui vous ont accompagné tout ce temps ont eu un impact réel sur votre réalité.

Pour chacun d'entre vous, vos croyances sont la ligne directrice de vos vies.

La vie d'un être ne peut être juste transposée, pour essayer d'avoir le même résultat ; c'est beaucoup plus profond que cela.

Vos croyances conditionnent ce qu'il est possible de vous arriver.

Il est essentiel de remonter à la lumière ces croyances qui peuvent vous limiter.

Commencez par celles qui agissent sur la totalité de votre vie: Les « Toujours et Jamais ».

Toutes ces fois où vous avez décrété des règles applicables immédiatement et sans durée définie.

Elles sont encore d'actualité.

Il est important de les révoquer afin d'arrêter leurs effets dans votre réalité.

Vos croyances ont eu l'effet principal de vous avoir fait devenir l'être que vous êtes aujourd'hui.

Elles ont le pouvoir de rendre vrai ce que vous aviez cru plus tôt.

Le manque de confiance en soi en est l'exemple le plus flagrant.

Certaines paroles devenues croyances vous ont été rabâchées pendant de nombreuses années et sont devenues vérités, et ce contre votre gré.

Vos croyances sont les vôtres et vous avez donc la possibilité de les changer.

Pour les pensées, l'effet est le même, même si le procédé diffère.

C'est en amont de la croyance, avant de devenir une croyance, il s'agit d'une pensée.

Voyez les pensées comme de milliers de poissons nageant dans un vaste océan, les pensées qui se présentent à vous ne vous appartiennent pas encore.

C'est uniquement lorsque vous les nourrissez de votre énergie qu'elles vous appartiennent alors.

Vous avez dans cet océan d'innombrables poissons aux couleurs différentes. Certains vous plaisent, d'autres vous déplaisent.

C'est à vous de faire le tri et de laisser partir ce que vous ne voulez pas garder sous peine d'avoir à intégrer ces pensées dans votre réalité.

Lorsque vous choisissez un type de pensée, sachez que des pensées similaires vous seront proposées, tout est parfaitement adapté à vous à chaque instant.

Nous reviendrons plus tard sur ces points essentiels avec des exemples et plus de détails au cours de cet ouvrage.

L'état des lieux permet la mise en lumière de ce qui conditionne votre réalité sans que vous le sachiez.

Cette prise de conscience est un passage obligé pour reprendre en main votre chemin.

Permettez-vous de vous libérer de ce qui vous empêche d'avancer.

Carafe vide

C'est avant tout pour vous que vous vous êtes incarné. Vous ne pouvez passer votre temps à vous oublier.

Gardez cette image pour vous y aider. Comment remplir le verre d'autrui si votre carafe est vide ?

Vous avez le devoir d'être présent pour vous-même, de vous encourager, de vous écouter ; sans quoi vous vous viderez de votre essence et n'aurez plus la force nécessaire pour avancer.

Posez-vous la question de la raison de ces multiples sacrifices que vous vous infligez.

L'autre n'a aucune légitimité pour vous rendre légitime, seul vous, le pouvez.

C'est à vous-même de changer le regard que vous avez de vous-même.

Reconnexion à votre être véritable

Blessures et traumas

Il est nécessaire que vous fassiez face à vos blessures.

Leur véritable rôle est de vous permettre de grandir, de lâcher prise, de retrouver votre pouvoir d'être et de choisir.

À aucun moment, vous ne pourrez trouver en dehors de vous-même ce bonheur, cet équilibre, cette paix que vous imaginez trouver chez l'autre, qui est tout comme vous un être en devenir.

Chacun a à apprendre dans cette vie.

Les blessures que sont la trahison, l'abandon..., ces blessures dites de l'âme sont toutes des blessures mettant en évidence le rôle inapproprié que vous donnez à l'autre.

Vous donnez à l'autre un pouvoir trop important sur vous.

En prendre conscience est un passage obligé afin de rétablir l'équilibre dans vos relations.

C'est à chacun d'expérimenter pour comprendre que seul vous, êtes en mesure de vous apporter le bonheur que vous recherchez.

C'est à vous de vous apporter l'amour, la compassion, l'attention que vous attendez de l'autre.

Une fois fait, vous pourrez aimer l'autre totalement pour ce qu'il est, et non pour ce que vous souhaiteriez qu'il soit, ce qu'il pourrait vous apporter ou encore combler les manques que vous n'avez pas su remplir.

Bien sûr que tout est possible par amour, commencez par vous l'apporter à vous-même.

Comment pouvez-vous demander à l'être aimé de réussir là où vous n'avez même pas tenté d'essayer.

La mise en lumière de vos manques et faiblesses vous permet de rétablir un équilibre.

La lumière de votre conscience a pour effet de commencer à soigner ce qui a été trop longtemps caché.

Plus vous serez attentif à vous-même, plus vous serez conscient des schémas et processus présents en vous-même que vous devez désamorcer.

Il est important de comprendre comment vous fonctionnez au quotidien.

Certains peuvent ainsi se rendre compte qu'ils vivent constamment en apnée, avec l'impression de porter un costume tellement serré qu'ils manquent d'étouffer.

> ➢ Soyez particulièrement attentifs à vos réactions lorsqu'elles sont très fortes.

Lorsque vous vous sentez bouleversé, bien souvent il s'agit de **blessures réactivées**, ou **d'évènements allant à l'encontre de vos choix d'incarnation.**

- Les blessures réactivées : ce sont des blessures qui n'ont jamais été soignées et qui se réactivent, lorsqu'une situation, un évènement ou une personne les frôle.
- Les évènements contrariant vos choix d'incarnations : il est urgent d'y répondre, de réagir au plus vite.

Dans ces deux cas, les réactions peuvent être fortes et difficiles à comprendre...

Une fois que vous aurez mis en lumière les blessures et autres traumatismes, vous pourrez entamer votre guérison.

La bienveillance

Prenez le temps, accordez-vous des moments pour vous retrouver vraiment.

Il existe de nombreuses voies pour y arriver : la respiration consciente, la méditation, ou toutes autres thérapies par lesquelles vous êtes attirés vous tendent les bras.

Choisissez ce qui vous convient personnellement ; ce qui convient à vos proches ne vous convient pas forcément.

Soyez curieux et découvrez !

Ainsi, vous pourrez vous rapprocher de ce que vous voulez vraiment.

C'est à vous de vous donner l'attention, la bienveillance nécessaire qui guérira enfin ces blessures laissées béantes.

Soyez bienveillant, attentionné avec vous-mêmes, c'est la base pour la guérison des blessures laissées béantes et enfin permettre un retour à soi.

Soyez pour vous même le parent, l'ami, que vous auriez souhaité avoir. N'attendez pas qu'une personne extérieure fasse ce que vous vous devez à vous-même.

Vous êtes censé être votre priorité.

Le seul qui restera toute votre vie à vos côtés à chaque instant, **c'est vous.**

Laissez remonter à vous ce qui vient, sans ordre de priorité, tout a son importance.

Petit à petit, vous détricoterez les maillages trop serrés, légués et façonnés durant tant d'années sans que vous ne vous en doutiez.

Votre enfant intérieur

Beaucoup d'entre vous savent ce qu'ils ne veulent pas, plus rares sont ceux qui savent ce qu'ils veulent réellement.

Retrouver votre âme d'enfant. Reconnectez-vous à cet enfant en vous.

Cet enfant qui a toujours été présent, mais que la vie vous a poussé à mettre de côté, pour mieux vous adapter.

Vous avancez chaque jour désarmer, divisé, alors qu'on vous demande de livrer bataille et de remplir des objectifs dont le sens est absent.

> ➢ Prenez le temps de vous reconnecter à votre enfant intérieur.
> ➢ Faites-lui face.
> ➢ Laissez-le être franc avec vous.
> ➢ Laissez-le vous rappeler ce que vous désiriez réaliser avant.
> ➢ Montrez-lui toutes vos réalisations, ce dont vous êtes fier.
> ➢ Invitez-le à reprendre sa place dans votre vie.

> ➢ Promettez-lui de lui accorder du temps, pour rire, s'amuser, découvrir ; pour vivre vraiment.

Cet échange est crucial pour retrouver votre unité, votre innocence perdue, votre capacité à être étonné sont toujours présentes en vous.

Profitez-en pour discuter et entendre ce que ce merveilleux enfant a à vous confier.

Vous savez ce que vous auriez voulu que l'on vous dise pour vous sentir mieux ; dites-lui maintenant !

Vous avez la possibilité de le faire pour cet enfant.

Vous pouvez vous apporter l'amour et la compréhension dont vous aviez besoin alors.

À force d'écoute, vous pourrez vous accorder le pardon, pour enfin avancer entier.

Le Pardon est une guérison.

Certains pensent à tort que le pardon accordé valide les faits passés ou nie ce que la victime a ressenti et vécu dans son être et dans sa chair.

Au contraire, il s'agit:

- D'arrêter de subir les affres du passé.
- De retirer à l'autre la possibilité d'exister encore dans votre quotidien.
- D'ôter sur vous les effets de ces actes, et paroles passées.
- D'arrêter de vous empoisonner, chaque jour, vous-même et de ressasser ces faits passés qui vous enchainent à ce passé, vous ôtant toute possibilité d'un jour, vous émanciper.

C'est pour vous que vous vous devez de réussir à vivre la vie que vous souhaitiez vivre en vous incarnant.

Vous êtes le centre de votre vie.

Cette vie est la Vôtre.

Vous êtes le personnage principal, de votre histoire. Vous êtes l'acteur principal, le metteur en scène et le producteur de votre vie.

Vous pouvez décider de tout changer à chaque instant.

L'Univers a offert à chacun la possibilité de choisir sa propre voie.

C'est un puissant pouvoir, seul un être conscient et responsable peut en disposer à son bon vouloir.

L'Univers ne juge pas de vos capacités, il vous accorde la possibilité de créer tout ce que vous souhaitez, sans jamais vous juger.

Alors, n'attendez pas de lui qu'il choisisse à votre place.

Vous, être doué de raison, sachez que vous avez la responsabilité de vos choix et souhaits.

Nous verrons plus tard à quel point les formulations ont une incidence profonde sur ce que vous vivez au quotidien.

Mémo :

🌑 La mise en lumière des zones d'ombres est essentielle, elles permettent d'entamer une guérison juste en étant conscient de leur existence.

🌑 La conscience que vous avez de vos blessures vous permet de comprendre vos comportements aujourd'hui.

🌑 Regardez, vos croyances vous confèrent le pouvoir de les modifier, et ainsi d'agir sur votre réalité.

🌑 La reconnexion, le dialogue avec votre enfant intérieur, vous permet d'être à nouveau entier.

🌑 Vous avez la possibilité de vous aider vous-même et de recevoir de vous-même tout l'amour dont vous aviez besoin avant.

🌑 Le pardon que vous vous accordez vous guérit totalement de ce passé qui vous tourmente encore aujourd'hui, vous ramenant dans le présent, seul espace de création possible.

🌑 Lorsque vous aurez trouvé en vous la force de vous accorder le pardon, vous pourrez envisager votre vie

sous de nouveaux hospices non limités à ces barrières anciennes qui vous enchainaient dans le passé.

🌑 Être présent ici et maintenant, est le plus grand cadeau que vous puissiez vous faire : vous pensez, parlez d'une situation, d'un être, d'un évènement, vous le nourrissez, énergétiquement, c'est ainsi que cela fonctionne. Alors, pourquoi faire de tels cadeaux?

Le présent, merveilleux présent

Les cadeaux de l'instant présent

Tout changement peut s'opérer à chaque instant.

Chaque instant porte en son sein un début et une fin possible. C'est à vous de faire les choix pour rendre réelle leur potentialité. L'instant que vous vivez maintenant est perceptible par vos sens.

Votre corps vous ancre dans le présent.

Votre corps est un ami béni qui vous permet d'être au plus près de votre vie. Il convient de vous en occuper pour faire de ce partenaire un allié pour toute votre vie.

Apprenez à communiquer ensemble, il a beaucoup à vous apprendre sur votre état profond, sur ce que vous vous faites subir.

Les trop-pleins et les manques sont autant d'informations sur lesquelles il peut vous apporter des indications.

Il convient, lorsque vous ressentez quelconque lourdeur ou douleur, de lui demander de vous renseigner sur les causes qui ont pu les engendrer.

Plus vous aurez l'habitude de vous recentrer, plus vite vous recevrez la réponse.

C'est maintenant que vous pouvez agir.

Dans le présent, vous pouvez réellement communiquer avec l'univers entier.

Prenez le temps de prendre une grande respiration pour comprendre toute l'implication de cette information.

Se projeter : Faux allié

Cela signifie en substance qu'il est inutile de mettre en place des plans pour vous prémunir du pire.

Ils ne feront que confirmer ce que vous êtes et pensez maintenant.

Instant présent : La clef

Ouvrez votre esprit à cette nouvelle réalité que vous pouvez créer.

Lorsque vous êtes présent à vous-même ici et maintenant, vous discernez ce qui est vraiment.

C'est maintenant que vous pouvez décider de vous choisir, de vous aimer.

Cet enseignement, d'autres ont tenté de vous en partager tous les bienfaits.

Vous pouvez les résumer comme suit : tout se déroule ici et maintenant, le passé n'est plus, le futur n'est pas encore.

Il peut être difficile de comprendre la subtilité de cet instant fugace et éternel à la fois.

Servez-vous des aides qui vous ont été données ; ce corps fabuleux dont vous êtes pourvu renferme en son sein, en plus de ses milliers de récepteurs, la possibilité d'émettre bien au-delà de votre personne.

Il transfère en temps réel toutes les indications vous concernant : votre humeur, vos pensées nourries, vos actes, vos paroles, le niveau de vos vibrations, tout ce qui sort de vous est parfaitement redistribué à l'univers.

L'univers peut ainsi parfaitement adapter à votre être ce qu'il vous convient. Vous renvoyant la réalité à laquelle vous ne pouvez échapper ; la réalité que vous avez vous-même créée.

La plupart des êtres sont inconscients de l'importance du présent.

Nombreux sont ceux qui, lorsqu'un problème est résolu, embrument déjà leur esprit d'autres soucis, pensant pouvoir ainsi contrecarrer les desseins du destin qui s'acharne sur eux quotidiennement.

Cette croyance rend vrai ces pensées si fortement ancrées.

Pour eux, cela est désormais leur réalité, et comme toutes réalités, l'Univers vous enverra de quoi étayer ce que vous avez pris pour vrai.

"Vivre dans le présent", comment ?

Le moment présent est relié à une dimension de création infinie.

Tout est raccordé à cet instant.

C'est maintenant que vous pouvez voir, toucher, ressentir vraiment la vie vous parcourir.

Cet espace privilégié, cet éternel instant connecté avec tout ce qui est.

Votre connexion au présent permet de vous centrer sur l'essentiel : ce que vous vivez ici et maintenant.

Les lourdeurs, les peurs et autres tortures auto-infligées ne peuvent résister à la puissance, à la pureté de ce moment présent.

Les peurs sont reliées soit au passé, soit à un futur fantasmé. Il est crucial de les désamorcer.

Dans le présent, la plupart des fantasmes sont dissous par votre présence, si vous êtes attentif à ce qui se passe en vous, les inquiétudes ne peuvent vous atteindre dans cet instant.

À ce moment, vous vous rendez compte de l'absurdité de s'inquiéter pour ces pensées qui ne font que passer.

Le présent refuge permanent

Plus vous avez conscience de ces moments, plus vous aurez envie de vous y retrouver.

Dans cet instant, vous n'avez plus de rôle, de rang, de charges, de tout ce qui habille votre personnage social. Vous êtes juste vous, pleinement incarné.

Parfois, la vie vous bouscule, vous bouleverse ; sachez que tout ce que vous vivez a été mis en place ou créé par vous dans un temps passé.

Vous êtes de puissants créateurs, la résilience est l'un des cadeaux divins qui vous ont été faits.

À vous de choisir maintenant ce que vous voulez voir croitre dans votre réalité.

Tout ceci vous est expliqué pour que vous puissiez cesser de pratiquer la plainte et la fuite de votre responsabilité.

<u>Rappelez-vous cette règle de base :</u>

- <u>L'échec n'est qu'un essai, un essai n'est qu'une tentative qui permet d'ajuster au mieux la prochaine, cette tentative vous permet avant tout d'apprendre !</u>

En vous rappelant cette phrase, vous éviterez de vous morfondre ou de fuir votre responsabilité.

Vous cheminez vers vous

À chaque essai, vous apprenez sur vous-même, sur les autres, sur la vie, enfin, plus particulièrement sur votre vie.

Il s'agit d'avancer sereinement en profitant du chemin.

La réelle expérience de vie est celle qui est pleinement vécue.

Vous précipiter à la fin du livre de votre vie n'a aucun sens.

C'est le chemin que vous choisissez d'emprunter, les expériences, les rencontres et les choix que vous faites qui donnent toute la valeur à votre vie.

Le présent intemporel

Le moment présent est la porte ouverte à tous les possibles, à toutes les dimensions, il est la jonction avec le tout.

Dans le présent, vous pouvez aussi bien accéder au passé pour en modifier ses effets, qu' au futur, que vous pouvez adapter à loisir.

Le présent vous raccorde avec tous les points temporels, dimensionnels accessibles à votre niveau de vibration.

Prenez le temps de faire de profondes et lentes respirations conscientes, d'entendre votre cœur battre, de ressentir votre corps vivre.

L'instant présent vous permet de comprendre qu'aucun bonheur n'existe en dehors de vous.

Pour vous aider à vous recentrer dans le présent, diverses pratiques peuvent vous aider ; la méditation, la respiration consciente, ou encore des expériences qualifiées d'« extrêmes » ... à vous d'expérimenter ce qui pourrait vous convenir.

Lorsque vous vous recentrez sur vous-même, vous avez la capacité de percevoir plus facilement tout ce qui vous entoure, y compris toute la beauté de ce qui est ici et maintenant.

Comprenez donc qu'il est essentiel dans la reprise de votre pouvoir d'agir dans le présent.

C'est le seul moment où vous pouvez changer ce qui vous déplait.

En étant dans le présent, vous pouvez savourer, sentir, ressentir que vous êtes en vie.

Vous mettez fin à cette attente de l'instant d'après, de l'envie d'être à plus tard, car vous savez désormais que ces fuites du moment présent ne résultent que d'une peur de vivre.

C'est en vivant maintenant que vous pouvez être heureux vraiment. Inutile de vous presser, tout se passe maintenant ; c'est maintenant que vous êtes en vie.

Prenez soin de vous !

C'est primordial ! Vous devez absolument vous apporter tout le bien que vous pouvez.

La faute – L'échec

Inutile d'agir contre vous-même, comme si vous aviez fauté et que vous deviez vous sermonner, vous critiquer, vous punir d'avoir échoué.

Vous n'avez pas échoué, vous avez fait des essais et vous allez réajuster vos actions et pensées avec amour pour vous-même.

Vous en vouloir et vous reprocher vos actes passés est contre-productif.

Prenez plutôt le parti de mettre en pratique ce que vous avez appris de vous, lors de ces expériences passées.

Si vous avez blessé ou nuit à l'autre.

➢ Soyez sincère. Présentez vos excuses, faites de votre mieux pour vous rattraper.
➢ Ensuite, comprenez, laissez à l'autre le choix ou non de vous pardonner. C'est sa décision, c'est son choix.

Lorsque vous vous sentirez prêt, accordez-vous le pardon, faites que cette expérience vous serve pour le reste de votre vie.

Certains finissent par s'autodétruire ; la culpabilité est un poison qu'il convient d'éradiquer, par le pardon.

Pardonner n'est pas oublier, il s'agit de continuer d'avancer et de mettre en pratique ce que vous avez appris.

Les ruptures

Il est important de comprendre que les êtres qui vous quittent feront toujours partie de vous.

Vous êtes la somme des expériences et des rencontres que vous avez eues sur la Terre-Mère.

Vous pouvez redevenir heureux, vous pourrez à nouveau aimer. Les séparations douloureuses sont des chocs intenses que vous avez à subir pour réorienter votre regard sur l'être qui sera toujours à vos côtés : vous-même.

Une fois que ce sera fait, vos relations avec les autres seront exemptes de dépendance, de peur, de manque, d'angoisse d'être abandonné, trahi...

Vous pourrez voir l'autre et vivre avec en acceptant totalement l'être qu'il est.

Dites-vous que si vous réussissez à survivre à ces épreuves, vous vous permettrez de renaitre à vous-même.

Nombre d'entre vous, après avoir été laissés, se métamorphosent une fois qu'ils ont repris pied.

La reprise en main de votre vie est effective, cela devient une question de survie.

Votre attention peut à nouveau se rediriger sur vous-mêmes. Vous vous apportez enfin l'amour que vous auriez dû vous porter depuis tant d'années.

"Les êtres qui vous quittent n'avaient pas vocation à rester. "

Vous n'avez donc rien à regretter.

NB : Le fait de toujours faire de son mieux vous évite de tomber dans les apitoiements ou les regrets.

L'impact de vos relations

Dans le cas où vous auriez été négligeant, l'expérience vous apportera tout de même la leçon de croissance qui vous convient pour que vous puissiez grandir.

Tout ce qui vous arrive ne sert qu'un seul but: vous-même.

Les êtres qui gravitent autour de vous ont tous des apprentissages à vous apporter et à recevoir.

Qu'il s'agisse de connaitre vos propres limites, ou d'intégrer d'autres manières de penser.

Tout participe et est disponible pour agrémenter votre réalité.

Les êtres qui ont partagé votre vie participent à l'être que vous êtes devenu.

Vous avez le pouvoir de choisir ce que vous voulez ajouter à votre réalité.

Le cordon bleu de votre réalité

Pour faire simple, tout ce qui vous entoure vous sert de condiments pour aromatiser, épicer, et donner du gout à la préparation qu'est votre réalité.

Vous êtes le cuisinier en chef de votre réalité. À vous de choisir ce que vous voulez cuisiner.

Avant de vous lancer à élaborer des mets raffinés, rappelez-vous que la base de tout ce qui se passe en vous et autour de vous, **c'est vous.**

Il est important de vous délester de ce qui peut altérer même les ingrédients les plus prisés.

Vos croyances scellent vos possibilités.

La base de votre réalité reste ce que vous pensez, vibrez, véhiculez et ce en quoi vous croyez.

Exemple:

- Si pour vous, il est inutile d'essayer parce que jamais vous n'y arriverez.
- Que les autres arriveront toujours les premiers !
- Que vous êtes « nul » ou tout autre sobriquet dont vous choisissez de vous affubler.
- De penser que la vie est dure !
- Que ce n'est qu'en souffrant que l'on apprend ! ...

Sachez que la base de votre réalité sera directement dirigée par ces pensées qui sont devenues les croyances directrices de votre réalité.

Chaque croyance que vous avez a un impact précis sur ce que vous vivez.

Inutile de montrer l'autre du doigt pour signifier au monde que les choses sont plus faciles pour lui.

Leurs croyances sont forcément différentes des vôtres ; vous êtes tous uniques.

La vérité, c'est que vous avez sans vous en douter, créé cette réalité : **votre réalité**.

L'importance de prendre soin de soi

Prendre soin de vous est essentiel à votre vie, ainsi, vous pourrez vous accorder ce temps, cette attention qu'il est essentiel de vous offrir afin que votre réalité soit celle que vous souhaitez vivre.

« Un temps pour soi » n'a pas de durée minimum.

Qu'il s'agisse d'une poignée de secondes ou de journées, le principal, c'est de vous l'accorder au moment où vous y pensez.

Réapprenez à trouver du temps pour la priorité que vous êtes.

Otez de votre esprit ce que la société, les médias, les publicités, ainsi que vos proches ont imprimé en vous à force de répétitions.

Aucun d'entre vous n'est interchangeable, chacun est unique et précieux aux yeux de l'univers.

Votre regard sur vous-même

Votre valeur dépend uniquement de la valeur que vous vous portez, n'attendez pas de l'autre qu'il croie en vous.

C'est votre rôle de croire en premier en vous-même.

Pourquoi donner tant de pouvoir au regard de l'autre sur vous.

Chacun est différent, alors, comment penser pouvoir plaire à tous ?

C'est en vous plaisant à vous-même que vous pourrez générer un réel intérêt sans même avoir à y penser ; il vous suffira juste d'être vous.

À trop vouloir, singer, copier ce qui pour vous fonctionne, vous vous éloignez de l'être parfait que vous êtes en réalité.

Apprenez à vous connaitre, à savoir ce qui vous plait : il est important de laisser de côté les jugements et les à priori pouvant vous empêcher d'expérimenter, de découvrir, au risque de passer à côté de ce qui vous sied comme un gant.

Votre attention puissante, énergie créatrice

L'attention que vous décidez de vous apporter, nourrit de vastes parties de votre être.

Cette énergie que vous redirigez vers vous canalise une puissante force que vous remettez à votre service ; vous cessez donc de nourrir les autres à vos dépens.

Dans vos expériences pour vous rapprocher de vous-même, vous rencontrerez des êtres qui selon vous ont réussi et comme étant accomplis, ces êtres peuvent donner l'impression d'avoir trouvé le secret de la vie. Il est inutile de les envier, vous avez en vous présent cet accomplissement de toute éternité.

Dites-vous que:

- ➢ Chacun avance au rythme parfait pour lui.
- ➢ Vous trouverez vous aussi cette paix, qui a toujours été en vous.
- ➢ Evitez tout discours vous incitant à diriger votre attention vers l'extérieur.

Il est important que vous gardiez votre pouvoir ne le remettez à personne. **Il en va de votre responsabilité**.

Table rase

Une fois que vous aurez fait le tri dans vos croyances et pensées, pansez vos blessures, prenez le temps de vous rencontrer, mettez fin à tous ces surnoms que vous avez acceptés de porter.

Vous pourrez renaitre à vous-même dans le présent, pour commencer à réaliser ce que vous souhaitez vraiment.

Vous êtes enfin au début d'une nouvelle vie à vivre.

Il s'agit désormais d'intégrer des valeurs nouvelles, qui génèreront dans votre réalité des résultats différents de ceux que vous aviez, les phrases positives peuvent vous y aider, de nombreux livres vous proposent des phrases positives ; à la fin de cet ouvrage, vous avez des pensées de hautes vibrations mises à votre disposition.

Plus vous lirez, entendrez ces nouvelles vérités, plus elles seront vraies et feront sens pour vous.

Les paroles d'amour que vous vous adressez, apportent à votre âme ce qu'elle a tant attendu et qu'avant vous cherchiez en dehors de vous-même désespérément.

Ces mots que vous vous adressez et cet apport d'amour font germer une réalité nouvelle, elle sera en adéquation avec les attentions que vous vous êtes portées.

Conscient que votre choix est la base de votre réalité. Il est important de vous pardonner d'avoir ignoré que vous aviez la responsabilité de ce que vous viviez.

Vous avez la responsabilité de choisir chacune de vos pensées, croyances, paroles et actes.

Votre mental

Les pensées

Comme stipulé plus haut, les pensées qui vous traversent ne vous appartiennent pas.

Elles sont comme des ondes qui tournoient autour de vous, attendant que vous leur donniez du corps, de la vie.

Lorsque vous les nourrissez, elles deviennent vôtres ; **avant, elles ne le sont pas**, lorsque l'une d'elles a par inadvertance capté votre attention, il vous suffit de la relâcher.

Par ces mots : « *Merci pour ta participation* » vous vous en détachez ; vous pouvez continuer à vaquer à vos occupations, sans lui donner plus d'intérêt et donc d'énergie.

Vous commencez à marquer vos nouvelles préférences, qui, comme pour un algorithme, vous permettent de recevoir encore plus du type de pensée souhaité.

Les pensées que vous avez déclinées vous seront moins proposées.

Vous recevrez moins de pensées de même vibration ou de même sujet que celles que vous avez rejetées.

Vous êtes parfaitement entendu, cela a toujours été le cas.

Comment est-ce possible ?

Que vous compreniez comment cela se passe.

Vous êtes pourvu de milliers de portails énergétiques vous liant avec la source de toutes créations.

Chaque instant, un état des lieux est envoyé, permettant à chacun de recevoir, ce qui convient précisément et parfaitement.

Cette réponse prend en compte tous les facteurs de votre être : votre humeur, vos pensées, ainsi que vos souhaits et vos croyances.

Tout est parfaitement pesé, soupesé, ne laissant aucune place au hasard, c'est l'exact opposé du chaos, prenant en compte tous les paramètres influant sur vos réalités, vos pensées agissent telles des demandes parfaitement formulées.

Il vous suffit de penser à quelque chose pour la voir s'incarner dans votre réalité.

Comme toutes les demandes formulées, l'intérêt que vous portez à vos pensées qu'elles soient voulues ou redoutées, participe à les inviter dans votre réalité.

C'est la raison pour laquelle il est vain de se battre contre quelque chose ; vous ne faites que renforcer ce que vous combattez, votre attention va vers ce que vous décriez, redoutez, abhorrez...

Les effets de vos pensées

À force de ruminer des pensées, finalement vous en faites la promotion.

Plus vous pensez à un sujet, plus vous lui donnez vie. L'Univers voit cette intense attention que vous lui portez comme un profond désir de la voir réalisée.

Le choix de vos pensées

Rappelez-vous de bien choisir vos pensées. Elles ont le pouvoir de s'incarner et de modifier votre réalité.

Les pensées deviennent des croyances lorsque vous avez foi en elles. Inutile de vous poser la question de leur véracité. Dans tous les cas, si vous y croyez, elles seront vraies dans votre réalité.

Il est urgent d'agir si votre réalité ne vous convient pas.

Dans ce monde, les contraires coexistent.

C'est à vous de choisir le côté de la pièce que vous souhaitez garder dans votre vie.

Tout comme les thèses et les antithèses, chacun prouvera son existence, parce que les deux sont vraies. C'est vous qui décidez d'utiliser l'une ou l'autre.

Tout est possible, le panachage est possible aussi ; vous pouvez même y ajouter des conditions.

C'est votre réalité, c'est vous qui créez.

Nous y reviendrons plus tard, mais les lois quantiques impliquent que tout existe en même temps à partir du présent.

Vos pensées évoluent.

Sachez que les pensées, que vous nourrissez constamment, évoluent.

Comme dit plus précédemment, <u>elles se transforment en croyances</u>, qui ont un pouvoir immense sur les normes que vous apportez à votre vie.

Elles peuvent aussi prendre plus d'ampleur et se développer en égrégores.

Les égrégores

Il s'agit de pensées similaires regroupées et amplifiées dues au nombre d'individus y apportant leur attention, et de fait leur énergie.

Ce sujet grossit à mesure que le nombre de personnes qui y prêtent attention augmente.

Il peut s'agir d'un égrégore joyeux tel que les fêtes que vous célébrez ou plus compliqué comme les maux, maladies que vous redoutez.

Les médias par leur large diffusion influent sur une grande partie de votre population.

Conscients que sans votre énergie ils se meurent ; ils ont tout intérêt à trouver de quoi générer chez vous nombre de réactions et de confusions.

Les égrégores vampirisent votre énergie.

Rappelez-vous que vous avez votre libre arbitre, votre liberté de choix applicable à chaque instant.

Les égrégores de peur ou lourds en vibrations opèrent en aspirant votre énergie dès que vous baissez en vibration.

Plus vos vibrations sont basses, moins vous avez la capacité de résister à ces assauts, ce sera développé plus tard.

Sachez que c'est ainsi que les fables et légendes vivent : à vos dépens.

Temps qu'il y a des gens pour croire en elles ; elles perdurent. <u>Les légendes oubliées ne sont plus.</u> <u>Comprenez l'importance que vous avez.</u>

Une légende perdure même s'il reste une seule personne pour y croire.

Tant que vous y croyez.

Il est donc inutile de vouloir convaincre les autres de la vérité de vos dires.

Tant que vous le croyez, c'est suffisant pour la nourrir et la faire exister.

Aucun besoin de forcer l'autre à vous suivre, il vous suffit de l'incarner pleinement.

Vous êtes le meilleur plaidoyer de votre réalité.

Vous êtes un créateur. Choisissez vos pensées ; celles qui vous permettent de créer la réalité dans laquelle vous voulez évoluer.

L'effet Placebo

Pour rappel, les études scientifiques faites sur le sujet ont montré la force du mental sur le corps.

En croyant que la pilule donnée est porteuse de molécules curatives, il y a autant d'effets positifs mesurables sur les patients ayant reçu le placebo que sur les autres.

L'univers bienveillant

L'univers accèdera toujours à la demande de ses enfants, c'est l'une des lois cosmiques régissant les mondes.

Ce sur quoi votre attention est portée est perçu comme une demande à laquelle l'univers répond :

« Qu'il en soit ainsi ! » La réponse sera toujours oui.

Les Croyances

Ce que vous croyez est actif dans votre réalité.

Ce postulat de base explique pourquoi, en faisant la même chose, deux personnes auront forcément des résultats différents.

Chaque être incarné sur cette Terre a son propre prisme.

Le prisme

Ce prisme est formé à partir de votre vécu, de votre interprétation de ce que vous avez vécu dans le passé.

Cette histoire romancée, que vous vous êtes conté.

Votre prisme est la vision que vous avez des évènements de votre vie vue à travers votre interprétation personnelle.

Votre point de vue est unique.

Même des êtres très proches n'auront pas la même interprétation d'une situation donnée, ce prisme peut tout de même évoluer, si vous décidez consciemment de ce en quoi vous choisissez de croire.

Vos croyances limitent vos possibles.

Vos croyances conditionnent les potentialités de votre vie.

Elles sont autant de limites que vous mettez à ce qui peut vous arriver.

Ce que vous pensez mériter vient à vous inexorablement.

Tel un aimant, vous attirez ce à quoi vous croyez.

Que ces croyances soient le résultat de l'interprétation de vos expériences, ou qu'il s'agisse de lègues, de transmissions ;

seul compte le fait que les pensées auxquelles vous croyez soient la norme de votre réalité.

C'est la raison pour laquelle vous devez sonder vos croyances, pour en extraire celles qui vous desservent.

La Foi

La foi accordée génère votre réalité.

Tout devient possible.

C'est une vérité : la Foi peut déplacer des montagnes.

La différence entre la foi et les croyances, c'est que quoique l'on puisse lui objecter, votre certitude est totale.

Vous savez ! C'est donc une vérité dans votre réalité.

Mettez la Foi au service de ce que vous voulez voir exister dans votre réalité.

La Foi insuffle la puissance nécessaire à toute matérialisation.

Avec la Foi, tout devient évident.

Confiance absolue

Cette confiance, cette certitude mise au service de vos pensées agit tel un catalyseur ; elle amplifie vos croyances.

Elle vous raccorde à l'univers ; les obstacles disparaissent face à la foi, ce qui renforce plus encore votre foi.

La foi mise au service de vos plus grandes aspirations vous mène rapidement au résultat escompté.

Vos certitudes sont toutes des matérialisations en devenir.

Votre foi crée les conditions à une parfaite communication avec l'univers.

Mais votre foi n'agira que sur vous et sur ce qui rentre dans votre champ vibratoire.

Votre foi n'a aucun impact sur le libre arbitre des autres qui, comme vous le savez, est inaliénable.

Vous ne pouvez imposer votre vérité, votre réalité, vos croyances aux autres.

La Foi est l'une des composantes essentielles à la réalisation de vos souhaits dans votre réalité.

Elle agit comme un accélérateur, un amplificateur, si puissant que nul doute ne peut affecter sa portée ou son action.

Les Vibrations

C'est quoi ?

Les vibrations sont les fréquences émises et reçues, par et dans tout ce qui existe dans les univers.

Elles agissent comme une note, un son, une onde qui se propage, ricoche, se répercute.

Elles sont comme votre passeport énergétique, vous autorisant ou non à avoir accès à d'autres mondes, à d'autres dimensions.

Tout est énergie et l'énergie est une fréquence.

Ce que vous vibrez attire à vous des énergies, des êtres et des situations. Il s'agit d'une réponse à ce que vous émettez dans votre univers.

Ces vibrations vous sont renvoyées et vous permettent de vous indiquer où vous en êtes.

Vos vibrations attirent.

Cette matérialisation de ce que vous vibrez est un précieux indicateur, le reflet de ce que vous émettez.

Un exemple pour aider à la compréhension :

Si vous notez que les gens que vous rencontrez vous semblent énervés, angoissés, stressés, agressifs ou impatients, dites-vous-qu'en dehors des égrégores, il y a de fortes chances que vous êtes vous-même dans l'état que vous décrivez sans vous en rendre compte.

C'est donc une aide envoyée par l'univers pour vous inviter à rectifier le tir, ainsi vous recentrez et vibrez de nouveau votre note parfaite.

Vous êtes unique.

Votre note parfaite est l'onde que vous seul pouvez vibrer.

Rappelez-vous que vous êtes unique. Aucun de vous n'est interchangeable ou remplaçable, seul vous pouvez être vous.

Votre note, c'est votre couleur unique, celle qui complète parfaitement le chef-d'œuvre, la toile universelle dont vous faites tous partie.

Vous êtes la note indispensable à l'harmonie de la partition cosmique.

Il est important de rappeler que personne ne peut être vous mieux que vous.

Selon votre état d'être, vos vibrations montent ou baissent.

Plus vous serez en haute vibration, mieux vous vous sentirez.

L'inverse est également vrai, à la différence qu'en plus de vous sentir moins bien, vous serez aussi susceptible d'être plus perméable à ce qui vous entoure, aux êtres, aux situations qui peuvent être plus lourdes et difficiles à gérer.

Ce qui affecte vos vibrations

Vos émotions, ce que vous ressentez, agissent bien entendu sur vos vibrations. Il est crucial de savoir reconnaitre comment vous vous sentez, pour réajuster au plus vite votre ressenti à ce que vous voulez vivre.

Votre vibration dépend de plusieurs facteurs, certains peuvent se modifier rapidement, d'autres peuvent mettre plus de temps.

Votre état de santé, votre humeur, vos pensées, vos préoccupations. Sont des facteurs intrinsèquement liés.

De votre humeur, dépendent vos pensées et vos préoccupations, ce qui influera à terme sur votre santé.

Vos vibrations évoluent très rapidement. Rassurez-vous, le coup de mou est normal et non discriminatoire.

Tant que vos objectifs restent clairement définis, vous maintiendrez le cap vers ce que vous souhaitez.

Les Émotions

L'échelle des émotions

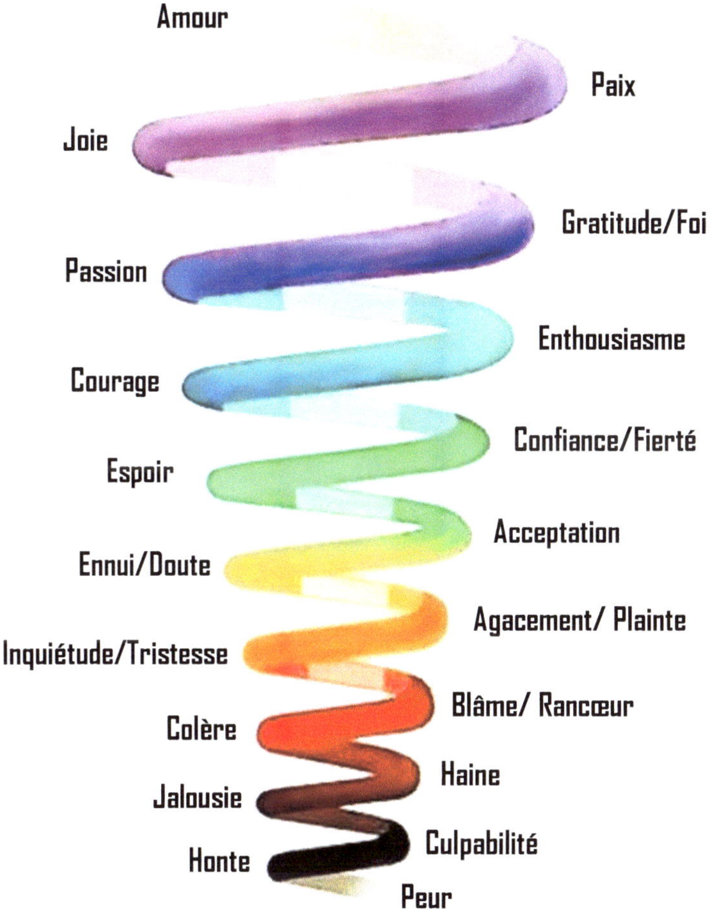

Amour

Paix

Joie

Gratitude/Foi

Passion

Enthousiasme

Courage

Confiance/Fierté

Espoir

Acceptation

Ennui/Doute

Agacement/ Plainte

Inquiétude/Tristesse

Blâme/ Rancœur

Colère

Haine

Jalousie

Culpabilité

Honte

Peur

Fig. 1 : Échelle émotionnelle

Vous constaterez que, sur le document de l'échelle des émotions fourni, les émotions les plus basses après la peur sont la honte et la culpabilité.

Ces émotions font partie de votre rapport à vos sociétés.

Honte et culpabilité

Il est important de ne pas laisser s'imprégner les émotions telles que la honte et la culpabilité, qui à elles seules ont pu altérer nombre d'incarnations.

Fig. 2: Le cercle vicieux: Honte-Culpabilité

La honte, arme sociétale

La honte est depuis des éons employée par vos sociétés pour vous soumettre à la loi du plus grand nombre, en repoussant

les membres différents, elle incite tous ses membres à nier leurs différences par peur d'être rejetés.

En uniformisant la société, seuls les chefs, sous couvert de représenter l'ensemble, ont le droit d'imposer leur réalité.

La culpabilité ou comment se mutiler

La culpabilité est le fait de s'en vouloir et de penser nécessaire de devoir expier les fautes commises.

Ce sentiment est lourd et tenace et seul le pardon peut en guérir.

La culpabilité est un poison. Vous vous inoculez votre dose de poison vous-même.

La culpabilité cache en son sein la punition. Elle renferme une colère non avouée tournée contre vous-même.

La honte implique une volonté de renier l'être que vous êtes. C'est quelque part un souhait d'abandonner votre être.

C'est un sentiment très largement présent lors de votre enfance, un moyen de pression: cette impression de devoir faire face aux jugements des autres.

Être montré du doigt, rabaissé, vilipendé est une peur présente depuis l'enfance ; quelle que puisse être la raison, ce sentiment vous pousse à vous repousser vous-même.

Ces deux sentiments lourds que sont la culpabilité et la honte s'entretiennent, s'alimentent et on pour conséquence de vous vider de votre substance.

Il est urgent de les extraire de vos vies. (Cf. Conseils p)

Faire de son mieux.

Appliquez ce principe de vie qui vous évitera de tomber dans le piège des émotions lourdes:

> « Je fais toujours de mon mieux. »

Une fois que vous appliquez ce conseil dans votre vie, vous verrez que les avis des autres sur vous auront un impact grandement diminué.

Que pouvez-vous vous reprocher si vous avez fait de votre mieux ? **Rien**.

Tant que vous êtes honnête avec vous-même, vous vous préservez de ces sentiments contraires qui empêchent et neutralisent les évolutions et avancées que vous étiez censé faire dans cette vie.

*Rappelez-vous d'appliquer la bienveillance envers vous-même.

Pardonnez-vous !

Une vie à vivre

Il est important de rappeler que cette vie est une expérience à vivre pleinement.

Les échecs, que nous appelons ici des essais, participent pleinement à l'obtention de vos leçons de croissance.

Une fois intégrées, ces leçons de croissance vous permettent d'atteindre de nouveaux paliers d'évolution.

Des vibrations vivantes

Plus vous vous situez dans le haut de cette échelle émotionnelle, plus vos vibrations seront élevées.

Vos vibrations sont la somme de ce qui vous touche, de ce qui vous fait réagir et de ce que vous êtes.

Vos vibrations sont vivantes et changeantes, elles sont le reflet parfait de l'être que vous êtes ici et maintenant.

Par vos vibrations, l'univers, sait exactement ce qu'il doit vous apporter.

Choisir sa vibration

Ce que vous vibrez est aussi un choix.

Aucun choix n'est à juger, certains se complaisent ou souhaitent même sans s'en rendre compte vivre dans de basses vibrations. Quelles que soient leurs raisons, c'est un choix et il se doit d'être accepté comme tel.

C'est exactement ce que l'univers vous garantit. Il n'ira pas contre le choix de l'un de ses enfants bien aimés.

Il est le garant de la bonne tenue des engagements passés, ce que vous lui avez demandé d'acter avant votre naissance sera effectif.

Mais tout le reste de votre vie sera soumis à votre liberté de choix : votre libre arbitre.

La Gratitude à la rescousse

Notez que sur l'échelle émotionnelle, un sentiment très fort vous donne la possibilité de très vite vous élever :

La Gratitude peut vous exfiltrer rapidement des émotions les plus lourdes et denses.

Mettez-la en pratique le plus souvent possible.

C'est une habitude que vous pouvez mettre en place du lever au coucher.

Vous verrez que remercier peut changer votre vie. Cette idée sera plus largement développée ensuite dans ce livre.

Notez que vous avez le pouvoir de changer vos vibrations et qu'elles influencent votre réalité.

Les actes

Il s'agit ici d'un rappel, vous êtes bien entendu conscient que vos actes ont une influence sur la direction que vous donnez à votre vie.

Que vous agissiez consciemment ou non, de vos actes découlent des réactions, des réponses et des interactions.

Qu'il s'agisse d'action pour vous-même ou pour un tiers, vos actes ont des conséquences avant tout sur votre réalité.

L'action valorisée par la société

La société dans laquelle vous vivez encense la multiplicité des actions, en termes de productivité.

Occupant votre esprit par de multiples soucis à régler.

Votre esprit est submergé par une to do list qui ne fait que s'allonger. Vous ôtant de l'instant présent, vous faisant sauter d'un problème à l'autre sans même pouvoir savourer vos victoires acquises.

Vos actions répétées, vides de conscience, vous font oublier l'essentiel. Cette vie que vous êtes venue incarner est précieuse.

L'action et l'énergie

Vos actes ne sont guère plus importants que vos intentions ; énergétiquement, ils ont la même valeur.

Notez que les actes faits sans intention ou sans âme n'ont que peu de valeur, d'impact et donc de résonance dans l'univers.

Un acte qui lui est fait avec cœur, empli d'émotions même lourdes, aura plus d'impact que vos actions robotiques.

C'est en cela qu'agir pour le mieux et sans conviction profonde anesthésie bien des actions qualifiées de bonnes.

Les dogmes vous ont inculqué de pratiquer parce qu'il le faut.

Sans votre ferveur, sans vos émotions, cela ne peut avoir la force nécessaire pour changer votre réalité.

Agir pour soi

Il est important de comprendre que votre pouvoir est à vous et à personne d'autre, ne laissez personne vous imposer sa réalité.

En vous accordant du temps, même quelques instants, vous pourrez petit à petit mettre en perspective votre réalité.

Vous pourrez voir la place que vous laissez à ce qui compte réellement pour vous.

Rappelez-vous que c'est maintenant que vous êtes vivant et qu'il est audacieux de présumer de ce que vous aurez le temps de vivre ici avec ceux qui comptent vraiment pour vous.

Les regrets

Beaucoup attendent leur retraite pour pouvoir enfin profiter de ce qui compte vraiment pour eux, et prendre enfin le temps de vivre.

Etes-vous sûr qu'ils attendront et seront toujours là à vos côtés pour profiter du temps que vous daignerez enfin leur accorder ?

C'est un pari risqué que vous prenez chaque jour.

Voyez le temps que vous à scroller ou autre activité chronopage : du temps vous en avez !

Être dans le moment présent implique que vous jouissiez de chaque opportunité qui vous est donnée pour célébrer la vie.

Les regrets de n'avoir pu faire, ou dire sont autant de lourds fardeaux à porter,

C'est en vivant dans le présent que vous pouvez vivre vraiment; vous choisissez de remplacer les regrets par tous ces souvenirs amassés et partagés pendant toutes ces années.

Agissez maintenant. C'est important !

Les paroles

"Si vous saviez quel impact ont vos paroles, vous vous refuseriez à tout commenter. "

Toute parole prononcée indique ce que vous voulez.

Le verbe est Créateur.

Vous êtes un créateur divin et le mot est votre sceptre.

Chaque mot que vous choisissez d'employer a un sens premier. C'est cette définition qui est entendue et retenue par l'univers.

Figures de style et négations sont expurgées de votre discours.

Ni l'humour, ni la dérision et encore moins l'ironie ne sont compris.

Pour l'Univers, vous avez la responsabilité de vos pensées entretenues, de vos actes et, bien sûr, de vos paroles.

Un grand pouvoir implique une grande responsabilité.

Ce pouvoir inné est vôtre.

Vous êtes responsable de son application. Ni punition ni châtiment là-dedans, juste des faits.

L'application pure et simple de ce que vous demandez est appliquée ; rappelez-vous qu'aucun jugement n'est fait quant à l'application par vous-même de votre pouvoir.

Vous choisissez de mener la vie que vous souhaitez mener. Il y a tout de même un garde-fou à votre inconscience :

L'univers vous mettra en contact avec des gens qui pensent et agissent comme vous ; cette aide vous permet de réajuster, d'adapter ou de modifier vos actes, pensées et vibrations, pour en modifier les effets dans votre réalité.

Vos paroles vous desservent.

Le piège, c'est que vos paroles (si vous n'êtes pas conscient de leur impact) invalideront les changements que vous mettez en place pour une modification consciente de votre réalité.

Dites-vous que chaque mot que vous choisissez de prononcer est particulier, vous choisissez ce mot et pas un autre.

Au regard du nombre de mots présents dans les divers dictionnaires, vous avez un choix immense de mots à votre disposition.

C'est donc un choix délibéré d'appliquer ce mot à la place d'un autre.

<u>Lorsque vous choisissez d'utiliser des mots contraires à votre volonté, vous vous desservez.</u>

Figures de style et inversions

Lorsque vous utilisez l'humour, le second degré, vous occultez l'impact que ces mots ont sur votre réalité.

Cela se vérifie lorsque vous employez des termes détournés de leur sens initial, tels que « trop bien ».

Inutile de vous demander pourquoi de moins en moins de choses que vous qualifierez de bien vous arrivent. Vous dites vous-même que vous en avez **trop**.

C'est un exemple très largement diffusé dans le langage courant actuel.

Les figures de style telles que l'ironie vont à l'encontre totale de votre propre volonté.

Par définition, vous dites l'exact opposé de votre pensée.

Rappelez-vous cette vérité : « <u>Ce que tu crées par le verbe sera dans ta réalité.</u> »

Imaginez désormais le nombre de faits, d'évènements et de situations que vous avez vous-même commandés et aidés à matérialiser dans votre réalité.

Responsable

Votre responsabilité est directement engagée.

Attention, il est important de noter cette autre vérité qui vous sera rappelée au cours de cet ouvrage :

<u>« Vous êtes responsable, mais non coupable. »</u>

Vous êtes ici pour apprendre ; la vie est une expérience, un apprentissage grandeur nature.

Il n'y a ni "premier" ni "dernier". Chacun se doit de faire de son mieux pour être celui qu'il souhaite incarner.

Cette base étant rappelée, reprenons plus en détail, les effets de vos paroles sur votre réalité.

La vibration propre au mot

Tout mot formulé possède une vibration qui lui est propre. Ils ont un impact sur vous-même et sur les autres.

À vous de faire le tri dans les mots que vous avez coutume d'utiliser sans même y penser.

Ces expressions que vous dites pour faire comme tout le monde.

Ces tics de langage qui se répandent et appauvrissent en même temps votre lexique.

Allez à contre-courant, apprenez de nouveaux beaux mots que vous pourrez intégrer à vos discussions.

Ainsi, vous ouvrez vos horizons et diffusez à votre niveau un nouvel élan vers ce que vous souhaitez voir apparaître dans votre monde.

Plus vous connaissez de mots, plus vous avez la possibilité de créer précisément ce que vous convoitez. Cela est un conseil, non une obligation.

Vous pouvez très facilement orienter votre vie dans le sens que vous désirez avec un vocabulaire restreint.

Il vous suffit d'être parfaitement conscient de l'impact de chacun des mots que vous utilisez, chacun de vos mots est un choix.

Avis et jugements

Vous comprendrez que donner votre avis sur tout ce qui vous entoure sans arrêt finira à terme par vous porter préjudice.

Les jugements et aprioris que vous émettez sont des ordres que vous donnez à l'univers.

De cette manière, vous bornez votre monde, vous limitez par vos dires votre réalité.

Les injonctions

Toutes les injonctions lancées, qu'elles soient conscientes ou non, sont validées comme des ordres.

Ces « toujours et jamais » déclamés sont autant de paroles qui vous limitent un peu plus chaque jour-née.

Vous réduisez votre horizon, amoindrissez votre pouvoir pourtant illimité lorsqu'il vous a été légué à votre naissance.

Avant d'avancer plus loin, il est important de déprogrammer ces paroles que vous avez déclamées sans comprendre leur portée.

Il s'agit de consciemment renoncer à vos paroles passées, de demander l'annulation de celles-ci.

Les remplacer par de nouvelles paroles qui découleront cette fois des pensées conscientes nouvellement adoptées.

Le boost

<u>Le verbe est créateur</u> ; si vous y ajoutez vos émotions, il devient encore plus puissant.

L'émotion que vous ajoutez au processus est un concentré d'énergie qui amplifie l'effet de ce mot.

Cela est valable, quelle que puisse être l'émotion envoyée. Cette addition de force, indique clairement votre volonté à la totalité.

Les paroles acceptées comme vraies

Maintenant que vous avez compris l'importance des mots que vous employez, pensez à reformuler et à modifier les paroles d'autrui à votre sujet.

Garde-fou

Rassurez-vous, il y a une parade prévue par l'univers pour protéger ses enfants encore inconscients de leur pouvoir créateur :

<u>Les concepts que le mental ne peut imager ne peuvent être.</u> Ils restent flous et ne peuvent pleinement s'incarner.

Lorsqu'un mot n'est pas clairement imagé dans l'esprit, il perd de sa force.

Le manque de prévisualisation réduit grandement le pouvoir des mots qui pourraient être destructeurs.

Le pouvoir des mots s'adaptera à celui qui les dit.

Sauvant bien des innocents inconscients de la force des mots à leur détriment.

La dernière parole

Sachez que ce sera toujours votre dernière parole sur un sujet qui sera retenue.

Vous avez tout à fait le droit de changer d'avis ; il faut juste penser à le signifier, pour que vos anciennes paroles puissent être mises à jour.

Dictons, poèmes et chansons

Les chansons

Les paroles forment dictons, poèmes et chansons.

Les chansons que vous fredonnez, déclamez, criez auront aussi un impact sur votre réalité.

Les paroles des chansons ont la même portée que lorsque vous parlez, à un détail près ; les chansons sont souvent rattachées à un égrégore qui peut être haut ou bas en vibration selon les cas.

Certaines chansons apprises durant l'enfance dans vos écoles portent en leur sein de lourdes énergies de souffrances que vous nourrissez à chaque fois que vous les chantez.

Exemple : les hymnes nationaux.

Concernant les chansons, si un air vous plait, vous pouvez changer les paroles si elles ne vont pas dans le sens de votre réalité souhaitée.

En mettant vos propres paroles. Vous chantez ce que vous désirez voir incarner dans votre réalité.

Les poèmes

Les poèmes sont semblables aux chansons, sauf que bien souvent on vous demande d'y mettre le ton juste et l'intention pour déclamer au mieux la volonté de l'auteur.

Pensez bien à rappeler à la fin de votre prestation le nom de l'auteur.

Les dictons

Vient ensuite le dicton, qui, en plus de la chanson, est accepté comme une vérité de par sa définition.

Choisissez soigneusement les dictons que vous employez sous peine de voir leurs effets s'incarner dans vos réalités.

La tournure de phrase des dictons est semblable à la morale d'une fable, d'une histoire, quelque chose que l'on doit se rappeler pour la justesse de ses propos, il s'agit d'un décret, d'une règle qu'en citant vous validez dans votre réalité.

Il est donc primordial de bien choisir les dictons que vous voulez voir se développer dans votre vie.

Pour ceux dont vous ne voulez plus les effets, il est nécessaire de les désactiver et de les remplacer.

Le vide doit être comblé.

Les négations

Très tôt à l'école, on vous a appris les phrases négatives. Vous avez donc pris l'habitude de les utiliser depuis votre plus jeune âge.

L'utilisation de la négation pour décrire ce qui vous entoure, et surtout décrire vos pensées, vous a fortement porté préjudice.

En grandissant dans ce monde, vous avez oublié comme il est aisé de dire ce que vous vouliez vraiment lorsque vous étiez enfant.

Par pudeur, timidité, peur, par convenance...

Vous avez perdu l'habitude de dire ce que vous vouliez vraiment ; vous prenez désormais des chemins détournés et préférez dire ce que vous ne voulez pas.

Vous pensez à tort que les autres feront le bon choix à votre place.

Sauf que l'univers a créé des êtres capables de savoir ce qu'ils veulent dès le plus jeune âge.

Les intonations

Les intonations sont si subjectives que vos semblables peinent à les percevoir.

Il s'agit du summum de la passivité. Un manque total de responsabilité.

Vous n'assumez pas vos ressentis et attendez de l'autre qu'il les devine.

Ce manque de courage ou cette appréhension aura pour résultat une incompréhension de vos semblables et une absence d'intérêt des hautes sphères.

Cela s'apparente à ne rien faire.

Les intonations comme les figures de style (ironie, sarcasme, etc...) et les négations ne sont pas retenues par l'univers.

Sachez qu'en les employant, vous aurez exactement ce que vous ne voulez pas.

Non-sens

- Pourquoi parler de quelque chose que vous ne voulez pas ? N'est-ce pas un non-sens ?

Sachez désormais ceci : lorsque vous portez votre attention sur l'opposé de vos désirs, vous l'appelez à vous.

- Les négations sont non retenues par l'univers :

« Nommez ce que vous voulez réellement ! »

Vos demandes sont validées par l'univers. Vous êtes responsable de ce que vous nourrissez par l'énergie de votre attention.

Pour l'Univers, vous avez formulé une demande éclairée ; faite par le puissant maitre que vous êtes.

Vous choisissez délibérément de recevoir ce sur quoi votre attention est portée. (Cf. exemples)

Nous verrons plus tard dans cet ouvrage des exemples, des mises en situation et des mises en pratique afin de comprendre les différents mécanismes des lois et règles universelles travaillant de concert.

NB :

« Vous n'avez jamais été seul. Vous avez toujours été accompagné et écouté ; afin que votre réalité soit parfaitement raccordée à votre volonté. »

Vos Corps

Corps physique

Corps parfait

Votre corps est parfaitement conçu, il a en lui la capacité de totalement se renouveler. Chacun de vos organes, chacune des composantes de votre corps est optimale.

La capacité d'adaptation, d'apprentissage, est parfaite et illimitée.

Votre corps fait partie de vous. Vous avez donc tous les pouvoirs sur lui, y compris celui de le blesser, d'amoindrir ses capacités ou de le renforcer.

C'est vous qui, par vos pensées, entravez le bon déroulement de sa perfection.

L'amour d'une mère

Dès le plus jeune âge, vos parents ont par leurs inquiétudes diffusées en vous la fragilité.

Avant vos 7 ans, vous aviez la même signature énergétique que votre mère, ses angoisses, ses doutes, sa culpabilité et ses peurs se sont matérialisés sur vous sans qu'elle le veuille vraiment. Sa volonté a pourtant toujours été de vous protéger.

Ces actions ont toutes comme intention de vous prémunir du pire, elle a (à force d'y penser) créé ce qu'elle redoutait.

Dans ces actes, paroles et agissements, elle a cru à votre faiblesse et n'a eu de cesse de vous rappeler sa pensée, ce qui a pu altérer votre perfection, il en a été de même pour elle, en amont.

Rassurez-vous, son amour pour vous a pansé les méfaits occasionnés.

Les demandes sincères et pleines d'amour faites à l'univers ont pu largement amoindrir, voire dissiper tout effet de ses doutes et de ses pensées.

L'univers sait à quel point elle a toujours fait de son mieux pour l'être qu'elle aime le plus au monde, elle le lui a d'ailleurs clairement formulé tant de fois.

Sa méconnaissance des lois régissant les univers lui a souvent porté préjudice. Si elle avait su...

L'exemple d'une mère est valable pour un père ou tout proche qui aime sincèrement l'enfant qu'il veut aider à grandir.

Il s'agit de vous démontrer que « les meilleures intentions peuvent avoir un effet contraire. »

La transmission

Tous ces lègues inculqués d'une génération à l'autre en font partie, transmises comme des règles à suivre impérativement.

Un savoir acquis par certains, qui ont la volonté de le transmettre aux générations futures.

Avant, les traditions étaient transmises sous forme d'histoires, de comtes, de récits. Inculquant des valeurs et des préceptes aux jeunes.

À cela, il faut permettre l'ouverture. Laisser à l'enfant la possibilité d'expérimenter par lui-même. Que ces lègues de vos vies passées fassent partie de lui <u>sans pour autant le limiter</u>.

Restez conscients que c'est à vous que c'est arrivé, mais que pour vos enfants, ce sera différent, transmettez avec bienveillance et laissez-les évoluer.

Certains de vos vécus leur serviront, d'autres non.

<u>Ayez confiance. Ils peuvent réussir !</u>

En âge d'être responsable

Les pensées de votre mère à votre égard n'ont plus autant d'impact, dès que vous dépassez l'âge de 7 ans.

Vous obtenez votre propre signature énergétique. Ce sont désormais vos pensées et vos vibrations qui sont prises en compte pour votre réalité.

Si vous avez cru à tort à votre faiblesse, vous avez ainsi abandonné une partie du pouvoir illimité de votre corps parfait.

Tout est modifiable.

Rien n'est irréversible, cette perfection attend juste d'être réactivée.

En changeant vos pensées sur vous-même, il vous sera possible de vous reconnecter à cette partie de vous-même mise de côté.

Comprenez que votre corps est à vos ordres.

Il matérialise vos pensées, ce que vous vivez, ressentez ; qui n'a pas pu être exprimé.

Il est le précieux indicateur des trop-pleins et des manques vous concernant.

Il somatise tout ce que votre conscience n'a pu traiter. Avec le temps, cela a fini par déborder.

Corps subtils.

Qu'est-ce que c'est ?

Votre corps est composé de différents corps :

* L'un est visible, les autres sont invisibles.
* Le corps physique est fait de matière, d'une quantité énorme d'énergies densifiées. Il est parfaitement lié aux autres corps subtils.
* Ils ont chacun leurs particularités. Plus ils sont éloignés du corps physique, plus ils sont éthérés.
* Des roues énergétiques présentes sur le corps physique reliées aux autres corps permettent les échanges d'informations.

Les chakras

Les textes anciens vous ont révélé la multiplicité de vos corps.

C'est une réalité, chacun est relié à l'un de vos chakras principaux (vous avez beaucoup d'autres chakras).

Ils ressemblent à des carrefours, reliant des milliers de routes, d'autoroutes, d'itinéraires bis, de routes de campagnes, de chemins de traverse se rejoignant.

Ces échangeurs permettent de fluidifier le trafic de vos énergies, mais parfois peuvent se retrouver en surcharge ou carrément bouchés.

Cela se répercute ensuite sur le corps physique qui vous fera remonter les faits que vous n'aviez pas su déceler plus tôt.

Vous pouvez faire appel à un spécialiste qui vous inspire, ou rétablir vous-même l'équilibre en vous. <u>Cela est possible en le demandant tout simplement.</u>

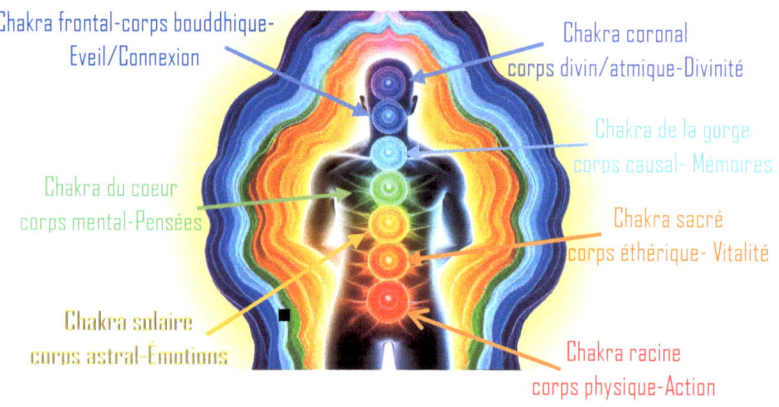

Fig. 3: Les corps subtils

Grain de sable

Un dysfonctionnement dans l'un de vos corps peut à terme se répercuter sur votre corps physique.

Ces dysfonctionnements sont des appels qui vous sont faits afin de vous prévenir qu'il y a quelque chose à faire pour rétablir l'équilibre.

Votre corps réclame votre attention, chaque signal est une aide, pour vous permettre de prendre conscience des causes qui ont occasionné ces désagréments.

Vos maux prennent corps

Plus vous agissez vite et plus vous êtes à l'écoute de votre corps physique, plus vite les maux seront dissous.

Les maux que vous somatisez ne font aucunement partie de vous, ils se sont juste matérialisés pour vous alerter et n'ont pas pour but de rester.

Nombreux sont ceux qui ont adopté leurs maux, leurs maladies. Ils en parlent d'ailleurs en des termes affectueux. Ils l'appellent « ma maladie », comme certains parleraient de « leur femme » ou « de leur mari ».

Ils l'ont personnifiée et en ont fait un ami, un compagnon jusqu'à la fin de leur vie.

C'est leur choix, aucun jugement n'est porté à cela.

Il est juste important d'expliquer ce que ce comportement peut générer dans votre réalité.

Plus votre attention est portée sur un sujet, plus vous faites grossir le sujet qui absorbe votre attention.

Des maux qui devaient être passagers, perdurent, et se transforment pour devenir ce que vous aviez tant redouté, appréhendé, ils deviennent votre réalité.

Le mal a dit

Votre corps vous parle pour éviter de vous laisser submerger bien avant qu'il ne soit trop tard.

La maladie : « mal a dit »

Vous pouvez agir sur tout ce qui fait partie de vous.

Le bon ou mauvais sort n'existe pas, sauf s'ils sont admis dans votre réalité.

Il y a ce que vous souhaitez et ce que vous pensez mériter. C'est le point de départ de votre épopée. On y reviendra bien après.

Les raisons de ces symptômes que vous ressentez dans votre chair sont bien souvent présents depuis un moment.

Avant de se matérialiser dans votre corps physique, vous avez sûrement eu des coups de semonce que vous n'avez pas compris, des prémices non perçues comme telles.

Des corps subtils au corps physique

Avez-vous remarqué que, sur le schéma, les corps subtils sont reliés à des composantes de votre être ainsi qu'à des émanations de vous-même, telles que vos pensées, vos émotions ?

Ce que vous avez gardé en vous sans pouvoir le dire, les traumatismes que vous n'avez pas su extérioriser y sont logés. Ils finissent par alourdir vos corps subtils et se matérialisent dans votre corps physique.

C'est une opportunité offerte qui vous permet d'en prendre conscience afin de pouvoir être traité.

Ainsi, vous pouvez savoir d'où provient le mal déclaré. L'endroit où est situé le mal sur votre corps physique est un indice.

Votre corps est un ami précieux qui sera à vos côtés toute votre vie durant. Il est important de dialoguer, d'entendre ce qu'il a à vous dire.

La pleine santé manifestée

Redonnez-lui son plein potentiel que vos pensées ont restreint ou dérobé.

Rappelez-vous cette vérité :

« <u>Vous êtes la pleine santé manifestée</u> ».

Faites de cette phrase une vérité retrouvée.

Répétez-la dès que vous le pouvez, afin que votre mental puisse l'intégrer.

Vous possédez en vous tout ce dont vous avez besoin.

Pouvoir de restriction

Nombre de vos capacités, dons et possibilités ont été figés parce que vous vous pensiez incapable, impuissant. Il en va de même pour vos qualités physiques.

Ce que vous croyez devient vrai; y compris au niveau de vos capacités physiques, d'ailleurs, nombre d'athlètes utilisent les phrases et pensées positives dans leur pratique.

Votre corps vous croit sur parole; ce que vous déclarez à votre sujet est forcément vrai; l'impact des mots engendre de nombreux maux physiques, créant des variations importantes de vos capacités selon ce que vous dites.

La chance de vivre

Donnez de l'énergie, de l'attention à votre corps, accordez-lui du temps, de l'entrainement. Il vous sera reconnaissant.

La majorité d'entre vous ne sait quelle chance vous avez de vivre toute une vie dans ce cadeau divin qu'est votre corps.

Durant cette vie, vous pourrez toucher, gouter, sentir, voir... Interagir, aimer ce qui vous entoure.

Enfant, vous êtes conscient de cette chance offerte, vous voulez tout vivre, tout toucher maintenant.

Avec le temps, cela devient de l'acquis.

C'est à l'aube d'une vie que les regrets de n'avoir pu profiter se font sentir.

Faut-il risquer de tout perdre, pour penser à se réjouir de chaque journée ?

Là encore, il est inutile de comparer les destins.

Vous êtes des planètes différentes où les lois pour y vivre sont différentes et où choix et croyances diffèrent aussi.

C'est comme comparer une vie sur Mercure et une autre sur Saturne, le seul point commun est d'être une planète, tout le reste diffère.

Votre corps est un ami sincère, qui vous fera remonter les vérités que vous ne voulez ou ne pouvez pas voir, et ce, pour votre plus grand bien.

Vous pouvez décider de ne pas l'écouter, quitte à voir vos capacités diminuées, c'est un choix.

Ce mode d'emploi est créé pour vous permettre de déchiffrer, de comprendre, de démontrer et d'intégrer que : vous avez le pouvoir de créer votre vie rêvée.

Nuire/mentir... Premier palier

Mentir, nuire à l'autre comme à vous-même est un choix qui aura pour effet de toujours vous revenir, plus ou moins brutalement.

Vous ne pourrez avancer, vous serez obligé de refaire encore et encore les mêmes expériences jusqu'à ce que vous ayez intégré ce palier de base qui est impératif à toute évolution.

La vérité libère, elle vous apporte la lumière pour dissoudre les ombres qui en vous se sont développées. Alors que le mensonge vous enchaine.

Tout ce que vous vous faites subir ne disparait pas.

Tout est là, latent, attendant d'être traité, d'être rééquilibré. C'est pour vous-même qu'il est important de réagir.

Votre corps vous remerciera.

Superpouvoirs

La complexité du corps physique n'a d'égal que sa perfection. Soyez conscient de son immense potentiel. Il renferme même en lui une capacité d'autoguérison, entre autres merveilleuses capacités.

Qu'il s'agisse de son ADN ou des multiplications des cellules à but précis, votre corps regorge d'innombrables prouesses techniques encore méconnues, il y a tant de mystères qu'il vous reste à découvrir dans ce corps parfait qu'est le corps humain.

Il est important pour votre confort et votre qualité de vie de lui accorder votre attention et votre confiance, si vous le souhaitez.

Votre corps fait partie intégrante de votre vie, on ne peut le dissocier de vous dans cette épopée. Votre corps et vous serez amenés à vous séparer à la fin de cette vie : le corps physique retournera à la terre et votre essence à l'univers.

Prendre soin de lui, de ce réceptacle qui vous permet d'être incarné ici et maintenant. C'est prendre soin de vous.

Plus votre relation sera forte, plus vous serez à même de pleinement savourer votre existence en parfaite santé.

Tous vos organes, toutes les parties de votre corps émettent et reçoivent.

Lorsque vous êtes pleinement à l'écoute de votre corps, vous saurez adapter vos actions et vos paroles pour votre plus grand bien.

Car sachez qu'aucun corps physique n'est identique, votre ADN vous le prouve.

Vous avez à l'intérieur de votre corps chacun un mode d'emploi intégré et unique.

À vous de le trouver. Expérimentez, vivez, soyez vous-même! C'est une base essentielle pour vous retrouver.

Ce que les autres vivent, ce qui est bon pour eux, ne l'est pas forcément pour vous.

Seul vous pouvez apprendre à connaitre ce qui est bon pour vous.

Ceux qui prétendent vous connaitre mieux que vous-même se trompent. Il est impossible de résumer une personne à ses actes, à ses pensées ou à ses habitudes.

Votre immensité ne peut être réduite ou condensée.

Questionnements

Lorsque vous ressentez la présence de blocages, demandez à recevoir des réponses.

Elles revêtent différentes formes et passent par différents canaux tels que la télévision, la radio, les réseaux, des discussions d'autres personnes, une intuition...

Certains voient, d'autres entendent, d'autres savent... à chacun son mode de réception.

Vous êtes tous différents, par l'expérience, vous apprendrez à communiquer avec toutes les parties de vous-même.

En même temps.

Votre corps est multidimensionnel. Comme vous le voyez sur le dessin, plusieurs dimensions le composent.

Toutes ces parties qui semblent différentes sont pourtant, parfaitement imbriquées les unes aux autres.

Ces parties sont concomitantes, chacune est importante. Elles ont toutes des rôles primordiaux à faire valoir en même temps.

Il serait donc une erreur de dissocier les différentes parties de votre corps.

Seule une approche de votre totalité peut réussir à percevoir l'immensité de l'être parfait que vous êtes.

Voyez comme vos émotions, vos pensées, vos actions sont liées à bien plus que votre mental.

Tout ce qui fait partie de vous est essentiel. Qu'il s'agisse de carburant ou de comburant, tout agit pour vous permettre d'être. Tout est nécessaire.

Votre écoute, l'attention que vous portez à vous-même est la principale action à mettre en place pour vous connaitre.

Le cœur

Sachez tout de même qu'un organe primordial peut vous aider dans cette recherche de l'harmonie de votre être.

Votre cœur, bien plus qu'un organe, est directement lié à votre partie divine.

Cet organe est double, si vous rétablissez le contact avec lui, vous pourrez être mis en relation avec votre partie divine.

Il a la capacité de vous permettre de communiquer avec les parties subtiles de votre être, avec votre divinité, avec les univers entiers.

Trahi

Votre cœur a subi nombre de trahisons de votre part.

Toutes ces fois où vous ne vous êtes pas écouté, alors que vous saviez.

Toutes ces fois où vous aviez la certitude et que vous avez choisi les autres à vous-même.

Toutes ces fois ont créé en vous des distances, des divisions, des dissensions.

Il convient de repartir sur des bases nouvelles si vous le souhaitez. (Cf. reconnexion avec votre cœur.)

La tête ~ Le cœur

La tête

On vous a enseigné que votre tête dirigeait l'ensemble de votre corps ; c'est faux.

Si vous laissez votre mental aux commandes, vous serez amené à stagner.

Sans guide, vous tournez en rond et faites uniquement ce que vous maitrisez.

Le mental a peur du changement et reste dans sa zone de confort ; le connu est ce qui le sécurise ; en sortir signifie prendre un risque.

Il est persuadé de vous sauver, en vous confinant.

Tels les êtres de la grotte de Platon. (Des êtres effrayés par les ombres se reflétant sur les parois de la grotte, les empêchant de sortir de peur de ce qu'ils imaginent trouver à l'extérieur ; alors qu'en fin de compte, un monde infini les attend dehors.)

Cette émancipation passe effectivement par un moment douloureux dû à l'adaptation (passer de l'ombre à la lumière du soleil, du silence ou des bruits habituels à des chants d'oiseaux, etc.).

En dépassant les limites posées par cette communauté, une nouvelle vie s'offre à ceux qui se sont écoutés.

Sans vous en rendre compte, vous réduisez ainsi votre champ des possibles. Vous passez à côté de ce que vous êtes venu vivre. Vivre vraiment !

Le cœur, le courage omniscient.

Votre cœur lui n'a aucune peur, il sait. Il connait à l'avance tous les chemins. Il vous permet de choisir celui qui vous convient au moment précis.

En contact constant avec la totalité, il est à même de vous guider les yeux fermés.

Grâce à ce guide parfaitement intégré au tout, vous pourrez continuer d'avancer même sans aucune visibilité, voyant clair à travers toutes illusions.

Tous les chemins que vous aurez à emprunter sont pensés afin de vous permettre d'avancer, pour votre plus grand bien.

Parfaitement raccordé avec ce que vous aviez prévu pour vous-même, et avec les choix que vous faites continuellement tout au long de votre vie.

Il ne s'agit absolument pas de devenir fleur bleue ou de perdre toutes consciences des vicissitudes de ce monde.

Il s'agit d'être au plus près de vous-même.

Vous serez très souvent amené à dire « Non », à refuser ce qu'avant vous acceptiez sans même avoir à y penser.

Tous vos automatismes voleront en éclat pour répondre au cas par cas. Un instant après l'autre.

Réconciliation

À mesure de votre avancée, vous constaterez que votre mental aura appris à faire confiance à ce guide parfait, il est enfin déchargé de cette trop lourde attribution : vous guider.

Il peut à présent être au maximum de son efficience, dans ce qu'il est censé maitriser pour vous.

Votre mental est censé vous permettre d'acquérir des connaissances à travers vos rencontres, vos expériences et vos apprentissages.

Il peut même intégrer de nouvelles fonctionnalités, de nouveaux secteurs, des savoirs, qui par leur complexité vous semblaient inaccessibles.

Votre cœur, ce guide parfait vous amènera à explorer de nouveaux horizons et des parties de vous insoupçonnées, pour votre plus grand bien.

Qu'il en soit ainsi.

« Vous êtes désormais à une pensée de ce que vous voulez ».

Cela signifie que désormais, vous n'avez plus à passer par un tiers pour communiquer avec l'univers (cela n'a d'ailleurs jamais été le cas).

Le changement de dimension de la Terre-Mère vous permet désormais de communiquer de manière plus fluide et plus facilement avec la tout ce qui est.

L'Univers, à l'écoute du moindre de vos désirs, vous répond toujours « oui ».

Quel que soit ce que vous pensez, il répond au moindre sujet de votre attention : « Qu'il en soit ainsi » ; sans émettre le moindre jugement.

Vous êtes un être responsable, un maitre divin dont la réalité est sa propre création.

Votre réalité est votre œuvre.

Mise en pratique

Toutes les notions qui vous ont été décrites vont pouvoir être mises à votre service pour matérialiser ce que vous souhaitez dans votre réalité.

Les lois régissant les univers s'appliquent à vous, comme elles s'appliquent à tous.

C'est à vous de les connaitre pour les mettre en pratique.

> ➤ Pour commencer, il est primordial de vous réapproprier votre pouvoir divin inné :

La responsabilité de vos pensées nourries, de vos actes, de ce que vous vibrez ; de tout ce qui émane de vous.

> ➤ Une fois fait, vous pourrez abandonner tous les personnages que vous vous êtes cru obligé d'endosser.

Vous avez intégré que votre responsabilité n'est pas un fardeau, mais un cadeau déguisé vous permettant :

☺ D'orienter votre réalité à votre gré,
☺ De vous rendre libre de choisir,
☺ De vivre ce que vous souhaitez expérimenter.
☺ D'être à nouveau libre d'exister.

La reconnexion à votre cœur divin vous permet d'arpenter le monde.

Des conseils, des astuces et des exemples vous seront apportés à la fin de cet ouvrage pour vous aider à plus vous écouter.

> Posez des bases pérennes à cette nouvelle réalité.
> Essayez d'ouvrir votre monde à l'immensité.
> Semez les graines sélectionnées pour le futur dont vous rêvez.
> Voyez grand dès maintenant.

C'est Maintenant !

<u>Tout commence ici et maintenant.</u>

Chaque instant présent est un commencement et une fin possible, à vous de saisir ces occasions qui vous sont offertes.

> Commencez par ce qui compte pour vous.

Votre intérêt est un carburant, une énergie qui permettra d'alimenter à fort régime votre décision d'avancer.

Votre chemin s'ouvrira à mesure que vous avancez, un pas après l'autre.

Ayez confiance, vous pouvez modifier, réajuster toute décision dès que vous le souhaitez.

- ✓ Le seul engagement que vous prenez est avec vous-même.
- ✓ Il est important de vous rappeler que la bienveillance est de mise pour tous changements entrepris.

Demandez !

Une fois que vous avez choisi ce que vous voulez pour vous-même.

- ➢ Faites-en la demande !

Choisissez la forme qui vous convient.

Pour certains, l'énoncer suffit, d'autres auront besoin de l'écrire ; formulez précisément ce désir.

- ➢ Voyez-vous, ressentez que c'est déjà là devant vous.

Si ça vous parait simple, c'est que ça l'est.

Voici les grandes lignes non expliquées, non détaillées de la loi de l'attraction.

Il n'y a aucun piège.

C'est justement cette simplicité qui échappe à la plupart d'entre vous, convaincu que la souffrance est le seul moyen d'arriver à ses fins.

Arriver à envisager une telle simplicité implique que vous reconnaissiez que durant toutes ces années où vous avez galéré, vous étiez le seul à en avoir la responsabilité.

Cela peut être difficile à supporter et vous oblige à repousser cette vérité, sous peine d'avoir à assumer vos heurts passés.

> Otez toute culpabilité et honte, vous êtes venu expérimenter.

> Il est à noter que tout ce que vous avez vécu vous a permis d'être l'être unique que vous êtes aujourd'hui. Vos apprentissages, votre vécu, vos rencontres, vos relations font partie de vous.

Les expériences

Que vous les jugiez bonnes ou mauvaises, elles vous ont appris à vous connaitre.

Tous les êtres, les situations, les évènements qui interagissent avec vous ont pour but de vous apprendre, de vous faire réagir, de susciter chez vous des réactions.

L'idée que ceux qui vous ont blessé un jour peuvent être porteurs de bienfaits, peut-être pour l'instant difficile à accepter.

Mais dans les faits, ce sont bien souvent ces mêmes personnes ou situations qui vous poussent à vous choisir et à réagir.

Bien des changements de vies ont été pris parce que vous étiez à bout.

La zone de confort que l'on vous a appris à rechercher n'est pour certains, pas la voie à suivre.

Aucun spécialiste de la formation ne pourra mieux que vous savoir ce qui vous convient, quelle voie choisir.

Il est normal de ne pas savoir pour l'instant.

Trop tôt, il vous a été demandé de vous spécialiser. Toute une vie ne peut être décidée lors de vos années lycée où vous aviez déjà tant à devoir intégrer sur ce que vous ressentiez alors.

Se connaitre

La gestion de vos émotions, savoir les reconnaitre, les entendre et les interpréter sauverait bien des destinées.

Il est encore temps de s'y atteler.

Apprenez à les distinguer, à les écouter. Vos émotions peuvent être dévastatrices, comme créatrices.

Même des sentiments qualifiés de bas ou de lourds tels que la colère peuvent être salvateurs.

Réappropriation

Une forte énergie telle que la colère peut être porteuse d'actions, de prises de décisions que vous qualifieriez de positives.

Canaliser vos émotions, vous permet de disposer de la puissante énergie qu'elles génèrent. Vous pouvez ensuite la rediriger vers vos projets.

Tout ce qui vous compose, peut être mis au service de votre réalité.

Il en va de même pour vos pensées. Vous avez pu survoler au début de ce livre leurs impacts sur votre réalité.

Mettez-les à votre service.

Vous avez tant de leviers que vous pouvez actionner pour modifier votre réalité.

- ☺ Vous avez pris connaissance de ce qui vous limitait.
- ☺ Vous avez entamé les changements à opérer.
- ☺ Mis en place petit à petit des moyens pour y arriver.

- ➢ À vous de filtrer ce qui pénètre dans votre sphère privée.
- ➢ Gardez éloigné ce qui vous mine, ce qui abaisse vos vibrations, ou qui mène à vous nombre de pensées contraires à ce que vous désirez.

Les autres et vous

Qu'il s'agisse d'un ami, d'un parent, d'un collègue ou des actualités ; c'est à vous que revient le devoir de vous choisir en priorité.

Jamais, il n'a été question de trouver à l'extérieur de votre être plus que ce que vous possédez déjà en vous depuis le début.

Les blessures de l'âme infligées ont toutes pour but de rediriger vos attentions, votre amour vers vous-même.

Une fois que vous serez de nouveau complet, il vous sera facile de propager cet amour au-delà de vous-même sans attente aucune.

Les attentes

Avant d'entamer cette introspection sachez que ces relations entre les êtres, sont souvent teintées d'attentes qui, à terme, aboutissent à de la déception.

« L'autre » n'a pas pour but de vous guérir ou de pallier les manques que vous-même ne voulez pas combler.

L'autre n'est ni un pansement ni un passe-temps.

Il mérite tout comme vous de recevoir un amour, une attention vraie dénuée d'attente de retours.

Est-ce un don ou un prêt ?

Tout ce que vous offrez doit être allégé d'attente de retour ; dans le cas contraire, il s'agit d'un prêt.

Tout ce que vous donnez le cœur léger vous est retourné multiplié, sans avoir à réclamer.

Lorsque vous nourrissez de la rancœur, vous alourdissez fortement vos vibrations.

Vous agissez comme si l'autre n'avait pas tenu des engagements. Alors que rien n'a été signifié clairement.

En vouloir à l'autre pour ce que vous n'avez pu vous-même vous avouer est une manière de punir l'autre parce que vous n'avez pas été franc avec vous-même.

Bien des relations peuvent être ternies avant que vous décidiez de changer la donne.

Les schèmes ou schémas répétitifs

Lorsqu'une situation dans votre vie se répète encore et encore, c'est qu'il y a quelque chose à modifier, à adapter, à changer.

Cela fait en général partie des grands travaux que vous avez choisi d'affronter dans cette vie.

Tant que vous ne regardez pas en vous pour changer ce qui doit être changé, ces schémas se représenteront jusqu'au moment où vous modifiez ce qui doit l'être.

À chaque nouveau cycle s'ajoutent bien souvent des difficultés supplémentaires pour vous pousser à réagir, pour que vous compreniez, une personne qui a un comportement de victime trouvera toujours un bourreau.

Vos relations vous parlent de vous.

Ce n'est pas sans raison que les choses vous arrivent à vous et pas à l'autre.

Vous avez soit quelque chose à apprendre, soit vous avez vous-même créé la situation.

Rappelez-vous que ce que vous faites, dites et pensez construit votre réalité ici et maintenant.

C'est avant tout pour vous que vous êtes amené à choisir.

L'herbe plus verte ailleurs ?

Ce qui est pour vous est à vous, personne ne peut vous le prendre.

Si vous avez le sentiment que l'autre vous prend quelque chose, c'est une illusion ; c'est juste que ce n'était pas pour vous.

Rien ni personne ne peut vous spolier de ce qui vous est destiné.

Ayez confiance et lâchez prise. Vous ne pourrez retenir à vous ce qui est voué à vous quitter.

Cela peut être difficile à entendre, mais, qu'il s'agisse d'un être aimé ou d'un projet, il est parfois nécessaire de laisser partir ce qui n'est plus pour vous pour accueillir ce qui est fait pour vous.

Attention, lâcher prise.

À contrario, votre manque d'attention, votre manque d'intérêt, peut vous faire perdre ce qui était pourtant parfait pour vous.

Si vous omettez de vous intéresser aux éléments de votre vie, vous envoyez le signe à l'univers que vous n'en avez plus besoin. Ces éléments seront alors réaffectés.

Il s'agit de doser votre attention au mieux pour ne rien avoir à regretter, tout en laissant les autres libres de vous choisir en retour.

Si vous vous autorisez à lâcher prise et à avoir confiance, vous laissez la possibilité de remplacer ce qui ne vous convient plus par ce qui vous convient davantage.

Rappelez-vous que les êtres que vous aimez ne vous appartiennent pas, ils évoluent et changent tout comme vous.

La somme

Il est important de vous rappeler que les êtres que vous avez aimés font à jamais partie de vous.

Vous êtes le résultat de ces relations, la somme de toutes vos relations.

Vous avez vécu, appris et grandi grâce à tous ces êtres rencontrés avec qui vous avez partagé tous ces moments passés.

Il est plus difficile de vivre avec les autres que de vivre reclus dans une grotte.

C'est un apprentissage difficile, la mise en pratique des principes de vies, l'expérience que vous êtes venu vivre vous apporte les leçons nécessaires à votre évolution.

Chaque étape de ce processus est cruciale, aucune ne peut être évitée. Tout est nécessaire.

Le bon chemin ?

Pour parvenir à votre but, bien des chemins vous ont été proposés. Le seul qui soit le bon, c'est celui que vous choisissez.

Inutile de regretter, si vous ne l'avez pas fait au moment avant, c'est que vous n'étiez pas prêt.

Rassurez-vous, vous avez bien sûr le droit de choisir de rester sous l'emprise des autres si vous le voulez. Ce livre a pour vocation de vous informer sur l'étendue de vos choix dans votre réalité.

Votre partenaire

Le seul moment qui compte est celui où vous choisissez de vous écouter, de vous choisir.

Il ne s'agit pas ici d'être indifférent aux autres ou de retirer à l'un pour donner à l'autre.

Il s'agit juste de vous inclure vous aussi parmi les personnes importantes de votre vie. Vous êtes d'ailleurs le seul être qui

sera avec vous tout au long de celle-ci, du début à la fin de votre incarnation, c'est un fait.

Il est donc normal d'entretenir de bonnes relations avec un être aussi important pour vous.

Il ne s'agit pas non plus de passer devant l'autre à tout prix, mais d'être présent au juste moment.

La gentillesse et la bienveillance envers autrui sont des signes évidents que vous avez compris.

Vos actions, paroles et comportements contribuent à créer ce que vous aspirez à voir s'incarner dans ce monde.

L'équilibre

Être à l'écoute de son cœur, c'est être au plus juste de ce qui est. Il vous sera nécessaire de dire « Non » à certains.

L'équilibre, votre cœur le connait. Il sait quand refuser ou accepter, faites-lui confiance.

Comme dit plus tôt dans ce livre, les êtres qui se sont incarnés ici, sont ceux qui sont proches de vous. Ils ont tous un rôle important à jouer.

Tout a été orchestré et validé par vous avant que vous veniez au monde dans cette vie.

Ami ou ennemi ?

Cela peut être difficile à entendre, mais même ceux qui vous ont blessé ont répondu à vos attentes d'avant votre incarnation.

Il peut s'agir d'un rééquilibrage de vos vies passées, de demandes émises par vous-même, pour vous-même.

Vous vous connaissez si bien que vous avez mis en scène les déclencheurs de vos réactions pour atteindre les résultats escomptés.

Cela peut être difficile à intégrer, mais c'est la vérité.

Soyez votre meilleur ami, cessez d'être votre ennemi le plus féroce. Seul vous, avez le pouvoir de vous saboter.

Les influences des autres sont tel le vent, face à un aléa, vous pouvez choisir de vous laisser balloter de tous côtés ou de choisir de vous adapter, de continuer d'avancer.

Les autres n'ont aucun pouvoir sur vous, seul vous, pouvez leur donner l'opportunité de vous blesser, seul vous, êtes en mesure de vous de réellement vous blesser.

Les blessures non soignées vous laissent à penser illusoirement que l'autre pourrait vous atteindre, alors que c'est juste le symptôme d'un manque d'amour pour vous-même. D'un manque d'attention, de temps, pour vous soigner, vous guérir.

Les blessures dites d'âme ont un but premier, celui de vous libérer des illusions sur le monde qui vous entoure.

Une fois guéries, vous pourrez enfin comprendre que tout est déjà présent en vous.

Que votre bonheur n'ait jamais été dépendant d'un autre que vous.

C'est avant tout à vous-même que vous devez apporter, amour, assistance, confiance, respect, loyauté, écoute.

> ➤ Il faut que vous soyez honnête avec vous-même.

Réciproquement, vous ne pouvez vouloir amoindrir ou blesser les autres ; <u>aucun être n'est inférieur.</u>

Vous êtes tous de puissants créateurs, même quand vous l'ignorez.

Le Sauveur

Les aides que vous apportez sans que l'on vous le demande sont avant tout, faites pour vous ; pour vous faire plaisir.

Laissez à l'autre la possibilité de grandir.

Donnez-lui la possibilité de vous solliciter avant d'accourir et ainsi de vous substituer au sauveur qu'il est censé être pour lui-même.

Vous pouvez bien sûr proposer votre aide, mais laissez-lui l'opportunité de refuser.

Vous n'êtes pas un sauveur.

À la fin de cette vie, il peut vous être reproché de ne pas avoir laissé les autres se débrouiller seuls et donc à apprendre à faire eux-mêmes.

Vous pensez-vous supérieur aux autres ? Peut-être les jugez-vous inférieurs ? Est-ce vous indirectement que vous souhaitez sauver sans vous l'avouer ? ...

Autant de questions auxquelles il faudra répondre avant de vouloir tous les sauver.

Sachez qu'aucun chemin de vie n'est supérieur à l'autre.

À tort, nombreux sont ceux qui jugent que le luxe est préférable à la pauvreté.

Comprenez que, suivant ce que vous êtes venu expérimenter, les deux peuvent être recherchés dans cette vie. C'est à vous de décider.

C'est pour répondre à ce qui peut être considéré comme une injustice que ce livre est créé.

Il s'agit de vous remettre les clefs pour façonner votre réalité comme vous le souhaitez...

Vous pouvez proposer votre aide à tous si vous le souhaitez, mais pensez à en détacher tous vos désirs de retours et d'attentes, laissez l'autre faire ses choix.

Tout comme pour vous, <u>son libre arbitre est inaliénable.</u>

Miroir et reflet

Les autres sont pour vous, comme vous l'êtes pour eux, une aide inestimable.

Qu'ils soient votre miroir, votre professeur, votre écho, ils agissent en accord avec le Tout.

Ils vous permettent de savoir où vous en êtes.

Quel que soit ce que vous expérimentez en ce moment, l'univers adapte à chaque instant votre réalité à ce que vous êtes capable d'intégrer.

Il est essentiel d'être prêt pour recevoir.

La vie adapte les expériences, les rencontres, les évènements à vous.

Ce que vous vivez est pour vous.

Même lorsque vous n'arrivez pas à la trouver, il y a toujours une raison à ce qui vous arrive aujourd'hui.

Magnanime

La plupart de vos semblables font de leur mieux pour atteindre leurs objectifs fixés.

Juger le parcours de l'autre est une billevesée.

Il est important de cesser de projeter sur les autres ce que vous êtes et pensez.

Vous vous connaissez à peine, comment pouvez-vous connaitre l'autre et le juger ?

L'autre comme vous-même ne peut être résumé à une action, une parole, une situation...

Vous êtes bien plus que cela. Un instant de vos vies ne peut vous résumer.

Pour changer de type d'interaction avec les autres, partez du principe que chacun de vous essaie de faire de son mieux.

Lorsque vous partez de ce point de départ positif, vous installez entre vous une distance saine, respectueuse de vous-même et des autres.

Vous cessez de penser que les autres font exprès, vous leur laissez une chance de se tromper.

Ce faisant, vous vous accordez aussi cette chance. Vous êtes tous venus expérimenter et avez tous le droit à l'erreur.

Agissez en premier dans votre vie pour voir les changements prendre corps.

Il n'y a que sur vous que vous pouvez agir.

« Soyez le changement que vous voulez voir dans votre monde. »

Il n'y a pas de chemin type à suivre.

Indicateur précieux

Le principal est d'être en accord avec vous-même. Tout part de vous. Votre évolution dépend de vous.

L'autre est un allié vous permettant de connaitre vos propres limites, vos failles, vos manques, vos faiblesses, mais aussi vos forces.

L'autre vous révèle ce que vous n'avez pas su voir seul.

Il est fréquent que, sans que vous ne vous en rendiez compte, vous ne supportiez pas des autres des agissements faisant pourtant partie de vos pratiques.

De la naissance à ce jour, vous avez toujours eu besoin de vous comparer, d'imiter.

Maitre

Comprenez que les enfants ont déjà en eux, la perfection de leur être. Ils « sont » tout simplement.

Un enfant heureux est un véritable maitre à penser, un maitre spirituel, un maitre de la vie et de l'instant présent.

Il vit vraiment chaque instant.

Pour lui, inutile de se projeter plus avant, vu que toutes les richesses s'étendent à perte de vue devant ses yeux curieux.

Beaucoup d'entre vous ont été contraints d'abandonner cette innocence, cette pureté de l'esprit.

L'innocence, c'est de se montrer tel que vous êtes vraiment sans faux semblant.

Regard et interprétation

Le regard de l'autre doit être neutralisé au plus tôt, afin que honte et culpabilité ne puissent vous atteindre.

Seul le regard que vous portez sur vous-même importe.

C'est ce regard qui conditionne et détermine votre réalité.

« A hauteur de ce que vous pensez mériter, vous aurez. »

Chaque regard a pour référence celui qui regarde.

Lorsque vous regardez l'autre, c'est vous que vous regardez.

Lorsque vous parlez de l'autre, c'est avant tout de vous que vous parlez.

À travers votre prisme personnel déformant et déformé, vous interprétez, imaginez, extrapolez...

Par rapport à vous, à ce que vous connaissez, à votre réalité, vous agissez selon vos pensées, vos croyances, vos paroles et vos actes.

Ce que vous vibrez

Vos relations dépendent de ce que vous vibrez.

Votre vibration attire à vous d'autres êtres de mêmes vibrations.

Il s'agit principalement de vous confronter à ce que vous émanez.

C'est une aide précieuse : suite à ce constat, vous pouvez choisir de réajuster, adapter ou amplifier ce qui émane de vous à « l'instant T » Certains voient l'autre, comme un ennemi ou comme un être dénué de toute logique...

Il peut aussi s'agir d'une réaction due à un traumatisme passé.

Quelle que soit la raison de vos actions, l'autre vous aide à mettre en lumière ce qui vous est caché.

Attentif ?

> ➢ Portez l'attention nécessaire sur vous-même ? Mettez en lumière vos traumas du passé.

Votre conscience désactive et endigue ces blessures ouvertes qui se réactivent dès qu'elles sont effleurées.

> ➢ Écoutez-vous Parler.
> ➢ Questionnez-vous : pourquoi ces paroles et ce ton que vous employez.
> ➢ Prêtez attention à vos sentiments, sont-ils justifiés
> ✓ Est-ce cette réalité que vous souhaitez ?

Lorsque vous rejetez la faute sur d'autres, vous vous sabotez, vous vous délestez de votre pouvoir de changer votre réalité.

Il ne s'agit aucunement de faire l'autruche, juste de choisir de nourrir ce que vous voulez voir perdurer.

Que vous le vouliez ou non, c'est la manière dont fonctionnent les échanges avec l'univers.

La plainte

Bien souvent, vous pensez qu'écouter l'autre se plaindre c'est l'aider, au contraire, vous ne faites que vous engluer tous deux, ensemble, dans la lourdeur des plaintes répétées.

Plus vous vous plaignez, plus vous avez des raisons de vous plaindre.

L'univers vous apportera toujours ce que vous vibrez.

Les médias

Pour ce qui concerne les médias, le mieux, c'est d'éteindre votre télévision ; vous n'êtes pas armé pour encaisser autant de peines, de douleurs ou de faits rapportés.

Votre capacité à supporter l'inacceptable est limitée.

Votre empathie ne peut prendre toute une planète en compte.

L'expression « à taille humaine » est un bon exemple.

Vous pouvez vraiment agir à hauteur d'une collectivité de taille humaine.

Ce constat d'impuissance quant aux autres est difficile à juguler.

Vous noyer sous les informations du monde entier n'attise qu'angoisses, peurs, désolation, dépression, ressentiment et culpabilité.

Pensez-vous que les autochtones d'Amazonie sont coupables de ce qu'il se passe dans le monde ? Les tribus et les ethnies vivent réellement pour elles-mêmes dans le présent, ils prennent soin des membres de leur communauté.

Votre impacte dans les différents processus vous est sans cesse rappelé afin de vous culpabiliser et vous neutraliser

Oui, vous bénéficiez de ce qui est à votre portée. Mais rappelez-vous que vous faites de votre mieux avec ce dont vous disposez pour vous et ceux qui dépendent de vous.

Proximité et communication

Jamais, vous n'avez été aussi éloigné les uns des autres dans vos familles que depuis que vous avez autant de moyens de communiquer.

Vous avez avant tout perdu le contact avec vous-même. Vous vous pensez mieux loti que ces ethnies, alors que vous êtes incapable de comprendre que:

<u>Le bonheur ne se quantifie pas par l'avoir, mais par l'être.</u>

Être présent ici maintenant est la base pour les peuples liés à la nature.

Ils vivent au rythme de celle-ci. Attentif à ces mouvements, à ces signes...

Il est bien sûr possible de détenir « l'avoir et l'être » si vous le souhaitez, c'est aussi une croyance qu'il faut que vous remplaciez.

<u>Demandez, vous verrez.</u>

Recentrer votre attention

Il est important de vous rappeler que vous ne pouvez réellement agir que sur vous-même.

C'est en entamant les changements en vous maintenant que vous pourrez peut-être à terme donner envie à d'autres de suivre votre exemple.

Lorsque vous décidez de changer vos pensées et croyances, prenez un temps pour vous sonder vous-même.

Essayez de laisser émerger les limitations qui sont rattachées au sujet que vous souhaitez aborder.

Lorsque vous ressentez une impossibilité, un obstacle, un doute, mettez votre attention dessus ; mettez-y votre conscience et modifiez cette pensée par son exact opposé.

Votre attention est requise.

Être présent à soi est l'une des parades aux débordements d'émotions.

En étant présent, vous vous rendrez compte que tout va bien ; cela vous évitera de tomber dans les pièges faisant réagir vos blessures et peurs concernant le passé et l'avenir.

Car vous le savez, c'est maintenant que tout se crée. Vous restez donc le mettre de votre création ; votre réalité.

Si vous avez réussi à vous connecter à votre cœur, vous savez, et ne vous laissez plus happer par le chant des sirènes.

Votre Guide divin vous permet d'éviter les pièges grossiers embusqués sur votre chemin.

Épargnez-vous, vous avez tant à créer, juguler ces émotions exacerbées et rediriger les vers vous-même.

En vous, vous avez un espace illimité. En cet espace se trouve votre paix, votre joie, votre amour, votre bonheur.

Ne soyez pas dupe.

✓ Le flot incessant d'informations lourdes abaisse vos vibrations.

L'univers s'adapte et vous envoie ce à quoi vous pensez, y compris ce qui vous angoisse, ce qui génère des sentiments et des émotions en vous.

La redirection des sentiments de basses vibrations est à opérer le plus tôt possible pour vous éviter d'alimenter l'opposé de votre volonté.

Certains connaissent ces lois et les mettent en action pour nourrir leurs idées.

Tout est énergie.

C'est à vous de canaliser et de réorienter toutes ces énergies, dans le cas contraire, vous risquez de générer bien des projets qui contre vous sont appliqués.

Lorsque vous vous laissez déborder par vos émotions, celles-ci participent à nourrir ce qui vous a mis "hors de vous". Ainsi

votre énergie sert « l'autre ». Ceux qui créent les lois et les règles de vos sociétés le savent.

Lorsqu'une nouvelle vous semble ubuesque, gardez-vous d'en faire la publicité, car ce faisant, vous ne faites qu'activer une loi de l'univers sans même vous en douter.

Diffuser des informations relatant des projets encore dans les cartons' favorise leur matérialiser dans votre réalité.

Tout votre être vibre comme si le projet était déjà acté, et est déjà pour vous une réalité.

Qu'il en soit ainsi !

Vous pourrez vous targuer d'avoir eu raison, alors que vous êtes l'un des acteurs de la matérialisation de ce projet dans votre réalité.

Votre énergie, ainsi que vos paroles, pensées et actes, ont tous aidé à matérialiser cette nouvelle réalité que pourtant vous redoutiez.

C'est ce que les phrases comme « je te l'avais dit » indiquent.

Pourquoi pensez-vous que nombre de vos dirigeants laissent s'échapper jusqu'à vous tant d'informations sur des sujets forts tels que vos droits et libertés ?

La peur et les émotions engendrées participent à la réalisation des projets les plus fous.

<u>Votre pouvoir de création est illimité.</u>

Et si vous décidiez de relayer les informations qui vous font plaisir ? Celles que vous voulez voir s'étendre à la place des potins qui vous minent...

Reprenez votre pouvoir, cessez de vous laisser influencer.

Choisir son camp

Bien souvent, des sujets clivants sont mis sur le devant de la scène, vous incitant à choisir votre camp.

Vous vous transformez alors le temps d'une semaine en gladiateur dans l'arène.

Persuadé d'avoir raison, vous vous proclamez gardien de votre pensée unique biaisée.

Tous les avis se doivent d'exister.

La majorité se doit de protéger la liberté de chacun. Votre histoire vous l'a pourtant appris.

Les réactions à chaud vous font perdre le sens des réalités.

Ce que vous dites, pensez, faites, agit sur vos ambitions ; elles sont au point mort, car vous choisissez de nourrir le sujet qui accapare votre attention au détriment de ce qui compte pour vous.

Ce pouvoir est redirigé vers ce qui absorbe votre attention.

Vu la force de vos émotions et de votre visualisation, c'est une certitude ; c'est une commande urgente que vous avez faite à l'univers ; il se doit de répondre dans les plus brefs délais.

« Qu'il en soit ainsi ! »

Que vous ayez tort ou raison, vous aurez des exemples vous prouvant que ce que vous déclamez est vrai.

✓ Dans votre réalité, il est désormais acté que c'est une vérité.

C'est la raison pour laquelle nombre d'entre vous ayant des croyances pourtant contraires peuvent amasser des preuves de leurs vérités.

Votre réalité s'accordé parfaitement à ce que vous pensez.

Les rencontres inspirantes

La rencontre avec des êtres ayant des pensées différentes des vôtres peut vous déstabiliser, vous inciter à vous interroger, à revoir ce que vous avez choisi d'accepter comme vérités dans votre vie.

Parfois, ces rencontres inspirantes durent quelques minutes, quelques instants, suffisent à activer en vous une envie, un intérêt.

Mémo

Vous devez signifier à l'univers ce que vous voulez par :

- ➢ Vos paroles
- ➢ Vos pensées
- ➢ Vos vibrations
- ➢ Vos actions,
- ➢ Vos croyances
- ➢ Tout ce qui émane de vous.
- ➢ En y apportant votre énergie, vous l'alimentez et participez à son essor dans votre vie.
- ➢ Il est important de définir les concepts. D'avoir une image mentale de ce que vous voulez recevoir ou rencontrer dans cette vie.
- ➢ Les concepts que votre cerveau n'arrive pas à imager clairement sont vaporeux, insaisissables et manquent de substance pour se matérialiser dans votre réalité.

C'est un moyen ingénieux, évitant de déclencher davantage de catastrophes dans votre vie. Imaginez-vous si chacun de vos mots était parfaitement exaucé.

- ✓ Ce que vous arrivez à voir, à imaginer, à projeter est déjà là, même si vous ne le voyez pas encore.
- ✓ La visualisation participe à l'entretien de la foi.
- ✓ La Foi est capable de déplacer des montagnes.

Choisir la direction

- ➢ Commencez par un souhait.
- ➢ Dites-le à voix haute, dites-le en vous-même, écrivez-le.
- ➢ Ressentez sur vous les effets de la réalisation de ce rêve dans votre réalité.
- ➢ Racontez-vous toutes les retombées positives qui découlent de cette bonne nouvelle.
- ➢ Faites comme si vous écriviez à un ami pour lui raconter les merveilleux cadeaux que vous avez reçus de l'Univers. Cela peut vous aider si vous avez du mal à visualiser.
- ➢ En lisant ces lignes, laissez-vous envahir par la joie portée par ces mots.
- ➢ Pensez à remercier, vous indiquez ainsi que c'est exactement ce que vous voulez recevoir.
- ➢ Vous savez que vous l'avez déjà reçu.
- ➢ Il s'agit ici de se concentrer uniquement sur le résultat final, le biais par lequel cela a été t possible n'est pas de votre ressort.
- ➢ Il est important de lâcher prise sur la manière dont ce cadeau vous est parvenu.
- ➢ Acceptez le cadeau qui vous est fait.

Confiance en l'univers

Laissez à l'univers les « comment ». (La manière dont votre souhait vous est apporté.

Vous n'avez pas la capacité de voir l'ensemble de l'immense tableau créé par l'univers.

Votre envie de contrôler la manière dont tout est censé vous arriver réduit drastiquement les potentialités.

Pour imager plus clairement la pensée ; c'est comme de décider de guider un convoi exceptionnel très éloigné vers vous en regardant par le trou d'une serrure.

Votre visibilité sur l'immensité des êtres, des situations est réduite à votre champ énergétique proche, à votre réalité.

L'univers, lui, est en lien avec chacune des réalités uniques de chaque être, avec tout ce qui est.

Il mène votre souhait vers vous au moment et à l'endroit parfait pour vous.

Des choix responsables

Vous êtes responsable de vos choix.

Il est important de rappeler que le choix que vous faites est souverain.

Nul n'est habilité à savoir mieux que vous ce que vous désirez.

Autour de vous, tout est choix à chaque instant, tel un buffet à volonté, tout vous est proposé. Vous pouvez expérimenter d'innombrables situations, expériences pour vivre ce qui vous fait envie.

Vous pouvez choisir tous les ingrédients mis à votre disposition pour toutes les recettes que vous ambitionnez de réaliser.

Tout est choix. Libre à vous d'ajouter à votre préparation des éléments pouvant vous empoisonner ou vous requinquer, c'est vous qui décidez pour vous-même.

Vos choix ont un impact sur vous et vos proches, ceux qui font partie de votre champ vibratoire, ceux avec qui vous vivez au quotidien.

En partageant votre vie, ils subissent et reçoivent eux aussi ce qui émane de vous.

Que vos vibrations soient celles de la joie ou de la fureur, ceux qui vous aiment et vivent à vos côtés seront amenés à subir ce que vous vibrez.

Vos proches font partie de votre réalité jusqu'à ce qu'ils décident de vous quitter.

Les cocktails que vous créez quotidiennement servent et desservent vos intérêts, ils sont toujours parfaitement en lien avec vos prises de décisions quotidiennes.

Vous êtes le Créateur suprême de votre vie.

Chaque instant compte. Inutile de vous mettre la pression, vous pouvez à chaque instant rattraper ce que vous considérez comme des erreurs.

Vous êtes le maitre incontesté de votre vie, et vous pouvez sans cesse réajuster ce que vous ambitionnez de vivre.

Écrivez

Il est crucial de donner une direction à votre vie.

Donnez-vous le temps d'écrire ce que vous envisagez de réaliser dans cette vie.

> ➤ Écrivez tout pêle-mêle.
> ➤ Relisez les buts que vous rêvez d'atteindre.
> ➤ Voyez celui qui vibre le plus fort en vous ; il s'agit surement de la direction parfaite pour vous.
> ➤ Développez plus précisément le résultat sélectionné.
> ➤ Détaillez ce que sa réalisation a changé pour vous, les effets qui découlent de sa réalisation.
> ➤ Décrivez comment vous vous sentez une fois votre envie concrétisée.

Essayez d'être le plus précis possible.

Plus il y a de détails décrivant ce que vous voulez, plus vous apportez d'énergie à votre matérialisation.

Le fait d'écrire vous laisse une trace de votre demande.

Cette preuve renforce votre demande à mesure que vous relisez ces lignes.

Il s'agit d'un bon remède pour contrer l'effaceur de rêve, la gomme cosmique ; le doute.

La demande faite par écrit permet au maitre que vous êtes de continuer de croire en ses rêves, même chahuté par la vie.

Elle permet également de vous rendre compte de l'évolution de vos désirs.

Mise en place

À mesure que vous vibrez l'existence de cette réalité, les différentes parties de votre vie s'adaptent pour que ce résultat puisse se matérialiser dans votre vie.

Vos expériences, elles aussi, iront en direction de ce que vous avez demandé.

Pour que ce que vous demandez puisse vous être alloué, vous devez être en mesure de le recevoir.

Vous ferez des expériences, des rencontres, qui vous fourniront les connaissances nécessaires à la réalisation de cette demande.

C'est là que les coïncidences, les rencontres fortuites se mettent en place dans un <u>timing divin</u>. Tout arrive toujours au bon moment pour vous.

Le temps de la demande

<u>Il est crucial d'écrire et de penser votre projet au présent.</u>

Votre cerveau n'est pas en mesure de comprendre un autre temps que le présent.

<u>C'est arrivé, c'est là devant vous, réalisé ici et maintenant.</u>

Tout votre être est à votre service.

Votre cerveau

✓ Votre cerveau ne fait pas la différence entre ce qui est vrai et fantasmé. Pour lui, les deux sont vrais.

Lorsque vous regardez un film, vous le savez, pourtant l'impact est aussi fort que si vous le viviez réellement.

Vous avez donc un outil fantastique pour aider à vos réalisations : votre cerveau.

Utilisez-le à bon escient, vous l'utilisez bien souvent contre vous-même sans même y prêter attention.

Lorsque vous vous imaginez dans des situations inextricables, c'est une demande que vous faites à l'univers.

Ces messages parcourent tout votre corps comme étant réels.

Vous communiquez constamment avec le tout. Il est au courant de tout ce qui se passe en vous.

Vos émotions

En réaction à ce que vous percevez, vos émotions surgissent pour vous permettre de réagir au plus vite à cette urgence.

Ces pulsions sont des aides, elles vous donnent la force d'agir.

Vous devez réussir à vous servir de tous les outils mis à disposition pour créer.

Votre corps

Votre corps entier est pourvu de milliers de capteurs et d'émetteurs permettant à chaque instant d'interagir avec la totalité.

Ce que vous ressentez en cet instant est déjà analysé et compilé pour vous revenir.

Le chemin qui s'adapte à vous.

Le moindre de vos choix est pris en compte pour vous administrer la réponse précise et parfaite.

Le choix de la destination est un cap donné.

Même les obstacles que vous rencontrez vous permettent d'atteindre les objectifs que vous vous êtes fixés.

Le résultat de vos pensées est déjà là matérialisé, vous n'avez juste pas encore la capacité de le voir encore. Il est présent tout en étant caché à vos sens.

Les paramètres

Préparation du terrain

✓ Certains de vos souhaits et demandes auront besoin que d'autres changements en vous et autour de vous s'opèrent avant de vous parvenir.

Votre évolution en dépend.

➢ Vous devez garder la certitude que vos demandes sont bien présentes, réelles, pour les maintenir actives.

➢ Les doutes doivent à tout prix être écartés. Il en va de la réalisation de vos projets.

➢ Ayez confiance en l'univers et en son timing divin parfait.

➢ Les Miracles existent. Ils sont si nombreux... toutes ces coïncidences sont parfaitement millimétrées.

➢ Le hasard n'existe pas.

Tout est rigoureusement ordonné, précisément distribué pour que chacun reçoive ce qu'il a commandé par ces actes, paroles, pensées, vibrations, demandes.

Le doute.

<u>Le doute agit principalement comme une gomme cosmique.</u>

Vous seul pouvez modifier les demandes que vous adressez à l'Univers.

Nul n'a la possibilité d'altérer vos souhaits.

Vos aspirations une fois transmises sont déjà là, maintenant réelles, même si vous ne les percevez pas encore.

Lorsque vous revenez sur une idée et que vous en doutez, vous la déconstruisez, vous détricotez l'ouvrage que vous attendez, vous coupez le lien premier que vous aviez avec votre réalisation.

Mettre en doute sa réalité l'altère pour à terme l'effacer.

Le doute avorte vos plus belles requêtes. En vous laissant aller à l'indécision, vous niez l'existence même de vos sollicitations.

La confiance, la certitude que vos réalisations sont réelles est fondamentale.

Vous êtes le maitre de votre réalité, vos croyances sont primordiales, seul ce en quoi vous croyez peut exister dans votre réalité.

Tout est lié à vous.

Que les autres aient foi en vous ou non ne compte absolument pas dans les faits.

Le seul être qui importe pour matérialiser vos attentes dans votre vie, c'est vous.

Il est donc inutile d'attendre d'être reconnu par d'autres si vous ne vous reconnaissez pas vous-même.

Ce n'est pas le rôle de l'autre de valider qui vous êtes ; seul vous le devez.

La confiance que vous vous accordez est un cadeau précieux.

Vous comprenez désormais la raison pour laquelle le doute agit sur vos souhaits au point de les dissiper.

Le doute entretient le doute, plus vous doutez, plus vous aurez des raisons de douter, c'est un cercle vicieux qu'il est urgent de briser. (Si vous le souhaitez)

Accordez-vous du crédit, votre légitimité dépend de vous.

Vous devez avoir confiance en vous, en vos idées.

Les autres auront beau croire en vous, si vous n'y croyez pas, il ne se passera rien.

Votre confiance est l'armature autour de laquelle vous créez votre réalité.

Vos demandes une fois formulées sont. Il faut que vous en soyez persuadé.

Refusez que le doute impacte vos précieuses créations.

Seul vous pouvez dissoudre vos créations, vous êtes le maitre incontesté et vous avez tous les pouvoirs sur votre réalité.

Le présent

Le temps de la Création est le présent.

Votre mental et votre subconscient ne comprennent que ce temps-là.

C'est en réactivant sans cesse les épreuves et douleurs passées que de nombreux schémas perdurent dans vos vies.

Une création faite au présent existe vraiment maintenant et crée votre réalité.

Vous avez la possibilité de l'effacer à tout moment juste en arrêtant de croire qu'elle est vraie. Seul ce en quoi vous croyez peut exister dans votre réalité.

Beaucoup de demandes n'ont pu se matérialiser jusqu'à vous, privées de liens substantiels avec leurs créateurs.

Ces attentes que vous avez effacées ont entretenu le doute que vous aviez d'être entendu par l'immensité.

Le doute empoisonne votre présent.

Ayez confiance, vos commandes sont prises en compte par l'univers.

Votre inestimable présent est déjà là.

L'univers achemine votre requête, elle est en cours de livraison, rassurez-vous, tout se déroule parfaitement.

Le Comment et le Quand

Il est inutile de vous préoccuper du comment et du quand, vous avez tant d'autres choses à gérer dans votre quotidien. Ôtez-vous cette charge mentale.

La logistique minutieuse de l'univers est si précise que si vous décidez de vous en mêler, vous risquez au mieux de retarder votre envoi au pire d'annuler votre commande.

N'ayant aucune vue d'ensemble sur les potentialités, vous les réduisez.

En clair, en décidant du chemin à prendre pour arriver jusqu'à vous, vous vous amputez d'une multitude de possibilités : vous choisissez entre les quelques chemins que vous êtes capable d'envisager.

Laissez la logistique divine prendre le relais.

Faites votre souhait et laissez l'univers vous éblouir.

L'univers prend en compte la moindre donnée vous concernant ainsi que chaque être en même temps.

La perfection divine inclut toutes les réalités. La totalité de ce qui existe est prise en compte.

Vous êtes à chaque instant relié au tout.

Pour apporter tous ces miracles dans votre vie, tout est scrupuleusement agencé dans un timing parfait.

Tous les liens qui vous relient sont rigoureusement et minutieusement actionnés. Le hasard n'existe pas.

Le hasard

Il est compréhensible que certains d'entre vous, effrayés par cette mécanique complexe parfaite, préfèrent y voir hasard et coïncidences.

La toute-puissance en action peut parfois créer chez certains un sentiment d'impuissance.

Alors que dans les faits, cette toute-puissance est mise au service du maitre que vous êtes.

L'univers vous a déjà accordé tous les pouvoirs, c'est à vous de les employer au mieux pour vous-même. Vous avez toute la latitude pour créer ce qui vous fait envie, par vos actes, pensées, vibrations, paroles, croyances. Toutes ces données sont modifiables et ajustables à ce que vous souhaitez réaliser.

En tant que maitre de votre réalité, vous avez le pouvoir de tout matérialiser pour vous-même.

Ce pouvoir de création est tellement imposant qu'on vous a déchargé des détails logistiques.

Tout votre être est censé travailler à cette ultime tâche.

La création d'une réalité voulue et assumée est un travail de tous les instants.

Le contrôle

Le besoin de contrôler tout ce qui vous entoure est une perte d'énergie.

Vous battre à contre-courant est contre-productif.

Le contrôle est différent de la maitrise.

La maitrise s'applique avant tout à soi, en revanche le contrôle laisse libre cours à l'égo qui pense à tort pouvoir agir sur ce qui l'entoure, ce qui est faux, car vous ne pouvez agir que sur vous-même ici et maintenant.

Le contrôle résulte d'une peur.

Lâcher prise

Il vous incombe de vous consacrer à ce que vous ambitionnez de faire germer dans votre réalité.

L'univers est là pour vous aider, quel que soit le chemin que vous désirez emprunter.

Sans jugement, il est là en permanence à l'écoute de vos moindres désirs ; prêt à réaliser votre souhait.

« Qu'il en soit ainsi ! »

Refuser l'aide apportée est un choix.

Sachez tout de même que cette aide vous est envoyée sans que vous ayez à la réclamer.

Il s'agit de la relation privilégiée que l'univers entretient avec chacun de ses enfants, un amour surpuissant n'attendant aucun retour.

Que vous agissiez pour ou contre vous-même, vos décisions ne seront jamais remises en question, c'est vous qui choisissez la vie que vous désirez mener.

L'Univers vous accordera toujours ce à quoi votre attention est attachée.

Il se doit d'apporter à chacun ce qui lui convient en tenant compte de tout ce qui émane de chacun. Il crée pour chacun une réalité parfaitement adaptée.

Une fois votre demande émise, lâcher prise. Vous avez déjà bien travaillé, il est inutile de surveiller.

Vos colis sont déjà là dans une autre dimension, prêts à vous rejoindre dès que tout sera parfait.

En gardant votre attention portée sur la commande tant attendue, vous la retardez.

Vous empêchez les particules cosmiques d'agir.

Le lâcher-prise est le signe que vous faites confiance à l'univers.

Lorsque vous scrutez la moindre avancée, vous laissez la possibilité au doute de s'incruster. Il pourra alors à loisir dissoudre ou annuler les commandes que vous attendiez tant.

Rassurez-vous, tout viendra à vous au moment parfait pour vous.

Rappelez-vous que ce que vous avez demandé est déjà réel, vous l'avez vu, lu ou écrit. C'est fait !

Vous serez exaucé au mot près, tous les mots dont vous avez une image rattachée seront.

Les concepts que vous ne pouvez visualiser ne seront que fumée.

Définir les Concepts

Lorsque vous demandez par exemple à devenir riche, il faut savoir que ce concept se doit d'être développé et imagé.

C'est trop vague pour être exaucé tel quel.

Comprenez qu'être riche ne signifie pas la même chose pour tous.

C'est une notion essentielle à la base de toute requête accordée.

Vous aurez beau répéter sans cesse des phrases que votre imaginaire arrive à peine à percevoir, vous n'obtiendrez que des résultats minorés.

Le sentiment amer de ne pas avoir été entendu se développe et ternit votre relation avec l'univers, alors que vous n'avez pas su définir le sens que ce concept a pour vous.

Chacun d'entre vous est différent et perçoit sa vie et ce qui l'entoure par son prisme déformé.

Vous êtes responsable, vous êtes le maitre de votre vie et nul ne peut surseoir à votre autorité.

Lorsque vous demandez quelque chose à l'Univers, il faut que vous en ayez l'image la plus précise possible.

Vous devez être en mesure de voir ce que vous demandez.

Prenez le temps de vous l'écrire et de donner le plus de détails à ce concept que vous définissez à vous-même et à l'Univers.

C'est un garde-fou permettant aux enfants de l'univers d'éviter de créer des concepts destructeurs sans même les comprendre.

Votre pouvoir de création est si puissant qu'il incombe à chacun de connaitre toute son étendue, afin de l'utiliser au mieux.

Les lois de l'univers doivent être connues, apprises et transmises à chacun, car elles s'appliquent que vous soyez ou non conscient de leurs existences.

Un même mot peut avoir plusieurs sens, il est important que dans votre esprit le sens que vous désirez lui donner soit clair et précis.

Les concepts, plus que les mots, ont par principes de vastes définitions donnant une idée vague que chacun adapte à sa compréhension, à sa vie.

Les concepts, par la définition que vous en faites, peuvent avoir autant d'interprétations qu'il y a d'individus.

Ces notions doivent être détaillées, décrites et imagées afin que l'univers sache quoi vous apporter.

L'argent, l'amour... Il est nécessaire de les définir avant tout pour vous-même. Ils sont tellement génériques et adaptables que vous devez, pour être compris, décrire ce qu'ils représentent pour vous.

Il en va de la bonne réalisation de vos projets.

Les propositions de l'univers

L'univers tend tout de même à vous aider, à vous aiguiller dans vos demandes.

Lorsque votre idée d'un concept est vague, l'univers vous fait un premier envoi.

Cet envoi est une base à réajuster.

Vous modifiez ce qui vous a été envoyé, en souhaitant qu'il soit « plus » ... ou « moins » ....

Communiquez, vous serez entendu.

Les propositions qui vous sont faites-vous permettent de mettre en lumière ce que vous désirez vraiment ; et à terme, de mieux vous connaitre.

Les généralités ne conviennent à personne, ce sont des fourre-tout.

Vous êtes unique, votre définition de ce qu'est, par exemple l'amour, sera différente de celle de votre voisin.

Cela fait partie de vos attributions, c'est à vous de savoir ce à quoi vous aspirez.

Par expérience, vous serez à même de savoir ce que vous ambitionnez de voir éclore dans votre vie.

Pour ceux qui ont réussi à se lier parfaitement avec leur cœur divin, c'est beaucoup plus facile.

Ils savent exactement ce qu'ils veulent. Ils ont appris à se comprendre, à s'écouter.

Guidés par votre cœur, vous avez une vision bien plus claire de ce chemin qui s'étend à perte de vue devant vous ; confiant, vous avancez.

Soyez attentif à vos ressentis, mettez des images sur les notions abstraites que vous rencontrez à mesure que vous avancez.

Plus vous apportez de relief à vos pensées, plus vite elles s'incarneront dans votre réalité.

Les expériences permettent de savoir ce qui résonne avec vous.

Votre subconscient

Votre subconscient est la partie de votre cerveau qui participe pleinement au processus de création ; ce que votre subconscient arrive à imaginer peut se matérialiser.

Pour lui, les concepts n'ont aucun fondement, ils sont pareils à de la brume ; insaisissables.

Ce que le subconscient ne comprend pas ou qu'il peine à voir, ne peut prendre forme. Répéter chaque jour des mots exempts de votre interprétation et de votre compréhension aboutit à un découragement et à des désillusions.

La technique des phrases positives fonctionne à condition d'avoir pour chacun des mots prononcés sa propre correspondance en image.

C'est votre interprétation qui sera prise en compte. Vous avez toujours raison dans votre réalité ; c'est une certitude.

La maitrise de ce que vous émettez est essentielle pour recevoir ce que vous escomptez.

Plus vous saurez précisément ce que vous désirez, plus vous serez en mesure de faire les demandes adéquates capables d'engendrer les résultats envisagés.

Rien n'est dû au hasard ; tout est parfaitement équilibré et ordonné, pour chacun des êtres incarnés ici.

L'Univers, dans sa grande mansuétude vous a pourvu de nombreux et puissants outils ; un bagage complet vous permettant d'affronter les plus dures réalités.

Il est normal de ne pas savoir précisément ce que vous voulez au début de votre prise de conscience de qui vous êtes.

Vous aurez toujours la possibilité de réajuster vos requêtes lorsque vous serez prêts.

Comprendre que, du moment que vous posez votre intérêt sur quelque chose, vous l'attirez à vous est un fondement.

> Notez bien qu'il est crucial de poser votre sur ce que vous souhaitez attirer.

La Négation inaudible.

L'importance de cette notion est notable. La négation apposée à ce sur quoi vous posez votre intérêt n'a aucun effet, <u>elle est comme inexistante.</u>

Seule l'attention donnée au sujet de cette phrase sera retenue, parce que vous avez choisi de le citer, plutôt que de dire ce que vous voulez.

Votre choix sera toujours respecté, sauf s'il est en contradiction totale avec les vœux que vous avez faits avant votre naissance.

L'univers dit à chacune de vos demandes : <u>qu'il en soit ainsi !</u> Tel un bon génie.

Les puissants pouvoirs qui vous ont été donnés sont synonymes de grandes responsabilités.

La responsabilité de vos choix, de vos actes, de vos pensées choisies, de vos croyances entretenues, des mots que vous employez, de tout ce que vous vibrez...

Tout cela vous incombe.

Vous vous devez de prêter attention à tous ces paramètres qui sont à la base de vos réalités.

Il est essentiel de nommer ce que vous envisagez d'avoir plutôt que ce que vous ne voulez pas. Au risque de recevoir ce que vous ne voulez pas.

Comme expliqué plus haut, il est crucial à terme d'apprendre à vous connaitre suffisamment pour nommer ce que vous désirez et non ce que vous abhorrez.

Cessez de nourrir l'opposé de ce que vous souhaitez.

Lorsque vous nommez ce que vous redoutez d'avoir, vous l'appelez à vous.

La négation n'est pas entendue, ou plutôt n'est pas prise en charge.

Il en va de votre responsabilité de signifier ce que vous envisagez d'accueillir dans votre vie.

C'est votre vie, il est fondamental que ce soit vous qui intégriez chacun de ces éléments.

Personne ne peut le faire à votre place.

Même si vos proches essaient de vous aider dans votre construction, en fin de compte, ce sera quand même vous le seul responsable de votre réalité.

<u>Le pouvoir que vous avez doit être assumé.</u>

Si vous utilisez la négation lors de votre demande, comprenez qu'elle est comme effacée.

Il devient urgent de cesser de communiquer de la sorte avec l'univers, au risque d'être constamment déçu.

En nommant ce que vous ne voulez pas, votre énergie, participe à nourrir et à rendre vrai dans votre vie, ce dont vous avez choisi de parler.

Le « Ne pas » et tous ses dérivés leurrent leurs utilisateurs.

Cette habitude vous dessert pourtant à chaque fois que vous l'employez. Vous appauvrissez votre langage à force de l'utiliser.

Cette habitude de langage a de fait diminué drastiquement votre capital confiance en la vie.

L'impression de ne pas avoir été entendue est amplifiée. Vous avez pourtant mis toute votre intention dans la demande et c'est le contraire qui vous arrive.

C'est justement parce que vous avez été entendu.

Cette énergie que vous utilisez pour signifier ce que vous voulez est toujours créatrice.

Vous êtes responsable, et en tant que tel, vous pouvez créer tout ce que vous souhaitez dans votre réalité.

Écoutez-vous parler, écoutez-vous penser, soyez présent à vous-même, c'est crucial.

Rectifiez avec bienveillance les écarts constatés au quotidien.

La mesure quantifiée.

Il est à noter que les dosages sont eux entendus.

Lorsque vous signifiez que vous désirez « plus, encore, trop » ; ces variations sont prises en compte, contrairement à la négation.

Lorsque vous dites qu'il y a trop de ceci ou de cela, que vous en voulez plus ou toutes autres variations, vous êtes entendu !

Vos modifications sont actées. L'univers s'occupe alors de réajuster votre réalité.

Soyez attentif à ces petits mots, qui ont un impact sur votre réalité.

À vous de les utiliser en conscience et à bon escient.

Effet de mode

Nombreux sont ceux qui aujourd'hui utilisent un mot à la place d'un autre.

Qu'il s'agisse d'un effet de mode ou de mimétisme, leurs effets s'appliquent à votre réalité.

Les expressions « Trop bien… » en sont un exemple. Vous dites à l'univers que vous avez trop de bien.

À mesure que vous les utilisez, vous remarquerez la raréfaction des sujets où il y avait « trop » de « bien… »

L'univers est sans cesse à votre écoute, il répond à vos demandes, quelles qu'elles soient.

<u>Qu'il en soit ainsi !</u>

Les mots que vous utilisez ont une force, qu'il convient d'apprendre à maitriser.

Ici pour nombre d'entre vous, le "trop" remplace à tort un superlatif.

Il convient d'utiliser les termes appropriés en tant que maitre avisé de votre réalité.

Qu'il s'agisse d'effet de mode ou autre raison, vous êtes toujours responsable des mots que vous choisissez d'employer. Prenez-en la mesure.

Récapitulatif d'une demande faite à l'univers

➢ Les demandes doivent être faites au présent, à l'affirmatif.

➢ Épurez vos pensées et croyances

➢ Vous êtes responsable de vos croyances.

➢ Ce que vous croyez se matérialise dans votre réalité.

➢ Soyez bienveillant avec vous-même.

➢ La foi déplace des montagnes.

➢ La reconnexion à votre cœur vous connecte au tout et facilite votre vie.

➢ Les concepts doivent être en amont définis avant vos demandes.

➢ Nommez ce que vous voulez et non ce que vous ne voulez pas.

➢ Chaque mot a un sens premier.

➢ Laissez-les « comment et quand » à l'univers.

➢ Lâcher-prise.

➢ Le doute est une gomme cosmique.

➢ Vous êtes le responsable, et devez choisir une direction.

➢ L'autre est, comme moi, un être divin qui régit son propre monde.

> Chacun sa réalité.

Vous êtes le gardien de votre réalité.

Même des êtres vivants ensemble sous le même toit ont des réalités différentes.

La proximité n'agit que si vous la laissez entrer dans votre vie, votre permission est requise.

Si vous laissez la vérité de l'autre rentrer dans votre réalité, que vous l'acceptez comme vraie, elle sera active dans votre monde aussi.

C'est à vous que revient la gestion de votre réalité.

Vous avez le devoir de désherber le jardin de votre réalité de toutes les pousses qui pourraient à terme lui nuire.

> Identifiez clairement vos objectifs.

Soyez conscient dans le présent, pour vous permettre de réagir au plus vite. C'est uniquement dans le présent que vous pouvez agir.

Chacun a raison : toutes les réalités sont vraies à partir du moment où il y a un être pour y croire.

- ✓ Elles peuvent être contraires et pourtant vraies, le tout en même temps.
- ✓ Elles coexistent.

- ➢ Intéressez-vous à la réalité de l'autre. Elle peut vous inspirer.

Les rencontres sont des partages de connaissances, d'expériences.

Restez ouverts, chaque interaction est nécessaire. Prenez ou laissez, c'est à vous de choisir.

Rappelez-vous surtout que : <u>vous seul êtes responsable de ce que vous laissez entrer dans votre réalité.</u>

Tout ce que vous entendez, voyez... peut interférer et agir sur votre réalité.

Lorsque vous êtes submergé d'informations et d'images, votre capacité d'analyse s'en trouve affectée. Il est possible qu'à

votre insu vous soyez infiltré par des idées contraires à ce que vous envisagiez d'intégrer à votre réalité.

Les médias et autres, par la répétition, arrivent à vous implanter des idées et concepts définis par eux.

Ces idées, ces mots, ces images vous sont rabâchés et rediffusés, ils marquent ainsi votre subconscient, influencent vos fréquences et participent à nourrir des égrégores.

Vous participez à la création d'une réalité qui sera commune à tous ceux qui ont contribué à nourrir ce vampire énergétique.

L'image est choisie pour que vous ayez conscience de ce qu'il se passe pour vous énergétiquement.

Certaines pensées entretenues vous vident de votre énergie. Elles abaissent votre niveau de fréquence.

Lorsque vous sentez qu'un sujet aspire vos énergies ; que votre humeur, votre joie, votre vibration s'abaisse, c'est à vous de réagir !

Qu'il s'agisse d'un sujet, d'une personne, d'un évènement. Il vous incombe de choisir de rester ou d'augmenter vos vibrations.

La figure d'autorité ainsi que les lègues transgénérationnels influent aussi sur vos croyances actuelles.

Tout ce que vous récupérez doit être vu de près ; il est nécessaire d'être conscient de ce qu'il se passe en vous.

Votre conscience vous évitera de diffuser ces idées basses à vos proches.

Conducteur

Rendez-vous compte du nombre de générations qui se sont elles-mêmes sabotées en transmettant des croyances limitantes; les emprisonnant dans une réalité lourde et difficile où il s'agissait de survivre plutôt que de vivre.

Les sentiments de peurs, de culpabilité, de honte ont été utilisés pour mettre les puissants maitres divins que vous êtes au service d'une poignée d'êtres, vous faisant croire que cette poignée aurait plus de valeur, qu'ils auraient été choisis pour régner sur la totalité. Mais c'est faux !

Chacun a le plein pouvoir sur ses pensées nourries, ses croyances, ses paroles, ses actes.

<u>Vous êtes responsable, même si vous restez non coupable.</u>

Il en va de même pour vos ainés. Les lois s'appliquent que vous soyez conscient ou non de leurs fonctionnements.

Soyez transmetteur d'une réalité choisie, et non conducteur d'une réalité subie.

Mettre fin aux limitations.

Après avoir analysé vos propres limitations, vous pourrez choisir de les transmuter en leur exact opposé si vous le souhaitez. En un décret, c'est fait. (Cf. exemples)

Lorsque vous constatez qu'un même type de pensées lourdes devient entêtant, entretenez-vous avec votre mental comme avec toutes vos composantes.

Laissez remonter ce qui est mis en lumière sans jugement.

Écoutez, ressentez avec bienveillance. Il est crucial d'entendre ce qui vous parcourt.

Si vous n'y prenez garde, votre mental en particulier va continuer de ruminer ces pensées inconscientes non avouées.

Attirant à vous d'autres pensées similaires en thème et en vibration.

Ces pensées que vous nourrissez finiront inéluctablement par se matérialiser dans votre réalité.

Après les avoir entendues, rassurez-vous, vous pouvez les remplacer par de nouvelles croyances que vous aurez choisies en conscience.

L'alignement

Les expériences que vous êtes amené à vivre sont indicatrices de votre fréquence vibratoire.

Il est nécessaire, que tout ce qui vous compose soit aligné.

Toute dissonance impactera votre réalité.

Laissez venir à vous le sujet que vous êtes désormais en mesure de traiter.

Chaque pas est important, chacun de vos pas vous permet d'atteindre l'autre.

Ce que vous vivez est nécessaire.

Tout est parfait à chaque instant.

Un macrocosme dans un microcosme

De votre point de vue, il peut parfois vous apparaitre qu'il y ait des chemins plus aisés pour atteindre ce que vous désirez, mais ces chemins ne peuvent prendre en compte la totalité de ce qui est, ainsi que la totalité de votre essence.

Les réponses que vous apporte l'univers prennent l'immensité en compte avec une précision chirurgicale et miraculeuse.

Cette minutie prend les plus infimes des détails en compte.

Chaque particule doit être prise en compte, elles sont toutes cruciales à l'organisation des mondes.

Votre réalité à elle seule est un monde complexe à mettre en forme selon ce que vous renvoyez chaque instant au tout.

De nos jours, le résultat des changements de comportements, de pensées, de point de vue est très rapidement visible dans vos réalités. Il ne tient qu'à vous d'observer les faits relatés.

Ce que vous vivez est parfaitement orchestré et planifié pour vous permettre de passer les paliers dont vous vouliez triompher avant de vous incarner.

La majorité de vos choix sont effectués sans conscience. Vous avez pour la plupart oublié que tout se joue maintenant.

Il est pourtant primordial d'être présent à vous-même pour vous donner la chance de réaliser vos rêves.

Il est facile d'oublier l'importance de ce qui compte pour vous.

Éphémère.

L'immortalité aurait pour effet d'amplifier votre négligence et la non-responsabilisation.

Le fait que votre vie sur cette TERRE s'arrête à un moment vous offre l'opportunité d'extraire de chacune de vos rencontres le précieux nectar qui s'y cache.

Pour extraire l'essence de la vie, il est nécessaire d'être ici maintenant présent réellement.

Lorsque vous êtes désaligné, et que vous vous trouvez dans le passé ou dans le futur, vous vous empêchez de jouir de ce mets divin offert qu'est le présent ; vous passez potentiellement à côté de nombreuses réalités, que pourtant vous recherchez.

N'ayez pas de regret, cela signifie que vous n'étiez pas prêt. D'autres occasions parfaitement adaptées à ce que vous vibrez vous seront proposées.

Le présent vécu consciemment vous ouvre les portes de raccourcis mis à disposition afin de gravir les échelons plus rapidement ; des sauts quantiques peuvent ainsi avoir lieu.

Des transformations radicales d'êtres se produisent de plus en plus fréquemment.

L'alignement de votre être vous permet d'interagir avec des dimensions bien plus élevées. Il vous ouvre les portes de mondes insoupçonnés.

Il est si simple d'y accéder, que ça peut devenir compliqué.

Chemins tortueux

Plus vous mettez de conditions pour atteindre vos objectifs, plus vos objectifs seront difficiles à atteindre.

Tout dépend de vous. Tout part de vous et revient à vous.

Déblayez tout ce qui vous ralentit et vous empêche d'obtenir ce que vous êtes en droit de recevoir.

Ce qui vous entoure s'adapte parfaitement à votre monde intérieur. Vous pourrez savourer dans votre réalité ce que vous vibrez ; désormais, vous êtes aligné.

Votre être est composé de multitudes de dimensions et c'est lorsque cette multitude est « une » que vous êtes aligné.

Entier

Cela peut paraitre compliqué si l'on veut tout décortiquer ; mais ce qui vous est demandé est juste de « vivre entier maintenant dans le présent. »

C'est en étant véritablement présent à vous-même maintenant que tout s'harmonise sans même avoir à y réfléchir.

L'alignement est ici synonyme d'unité ; tout votre être vibre entièrement maintenant.

Vous vivez et ressentez vraiment l'importance de cet instant.

Tout devient réalisable ; tout est potentiellement déjà là, prêt à se matérialiser dans votre réalité.

Si vous réussissez à vivre tout en étant le témoin conscient, vous savez que tout se joue maintenant.

Vous vous libérez de ce que vous pensez être. Vous savez que vous respirez, et êtes conscient de cet inestimable cadeau offert ; en cet instant où vous lisez ces lignes, vous êtes en vie !

La Gratitude

Être reconnaissant est un puissant moyen de communication avec l'univers. Vous pouvez par ce biais demander à recevoir plus de ce que vous avez apprécié.

Lorsque vous remerciez, vous indiquez ce qui vous plait, en renforçant par le verbe, vous amplifiez l'abondance vers vous.

La gratitude est un sentiment, une émotion très proche de l'amour.

Les hautes vibrations qui en découlent sont porteuses de bienfaits. Elles vous donnent l'opportunité d'interagir avec des dimensions puissantes, accélérant la matérialisation de ce que vous désirez dans votre réalité.

La gratitude a aussi un rôle qui est moins connu, elle permet d'affirmer votre foi, votre confiance dans le processus de la vie.

Lorsque vous prenez l'habitude de remercier, même lorsque vous ne voyez pas immédiatement les bienfaits d'une situation, vous accordez ainsi carte blanche à l'univers.

Votre confiance vous permet d'accepter les changements nécessaires pour votre plus grand bien.

Ces mouvements rééquilibrant et modifiant vos réalités pour que vos demandes puissent « être ».

Vous avez le choix d'accepter ou de vous battre contre les changements qui s'opèrent dans votre vie.

États d'esprit

Un autre choix qui est disponible pour vous-même est celui de remercier pour tout ce que vous vivez.

Il s'agit d'un puissant remède contre la plainte, le dépit ainsi que tout autre ressentiment qui peuvent vous faire tomber dans l'apitoiement.

Il vous suffit de comparer deux types d'attitudes. L'une est de se laisser abattre dès qu'un nouvel obstacle se profile à l'horizon, et l'autre, c'est d'être confiant en gardant le cap.

- L'être confiant reste dans des vibrations hautes, ses remerciements amplifient ses fréquences, sa vibration, son humeur, sa pleine santé, sa joie, sa paix...
- L'être qui se laisse abattre est face à ce qu'il redoute et qu'il nourrit de son énergie à mesure qu'il y pense.

Choisir de remercier face aux aléas de la vie est un acte de foi puissant.

Vous êtes le maitre de votre réalité et décidez de donner le ton, la direction à suivre.

Rappelez-vous que l'univers est aux ordres ; il vous dit toujours « qu'il en soit ainsi ».

Énumérer ses difficultés

Dans les moments d'apitoiements, il est fréquent que vous énumériez tous vos déboires.

Ce faisant, vous mettez en route une demande à l'univers. Votre demande provoque encore plus de catastrophes.

Votre attention étant attachée à cette énumération, l'univers pense que vous voulez rallonger cette liste que vous détaillez avec tant d'émotions.

Sans le savoir, vous ajoutez de la lourdeur à ce que vous trouvez déjà lourd.

Les remerciements vous éloignent des turpitudes de l'apitoiement.

Ces hautes vibrations vous confèrent une protection divine, tout ce qui est de vibrations plus basses ne peuvent plus désormais vous atteindre.

En fonction de vos vibrations, vous accédez aux dimensions équivalentes. Votre accès aux dimensions les plus élevées peut être déverrouillé en pratiquant la gratitude.

La dimension à laquelle vous êtes rattaché maintenant mènera à vous les opportunités, rencontres et situations de même hauteur que vos vibrations.

Émission-réception

Ce que vous émettez vous revient toujours.

Sans vous en rendre compte, même lorsque vous êtes seul, vous communiquez avec l'univers.

Vous êtes sans cesse relié au tout à chaque instant.

Les remerciements vous propulsent dans de hautes dimensions ; vous vous permettez de recevoir des cadeaux de vibrations élevées.

Remercier, vous permet de recentrer votre attention sur l'essentiel, sur ce qui compte vraiment pour vous ; une distance s'installe entre vous et les évènements bruyants qui accaparent votre attention.

Les situations, évènements et personnes perdent tout impact sur vous.

Vous demeurez le maitre libre de votre vie.

Votre énergie reste focalisée sur vos objectifs.

Code de triche

Les émotions mettent à nu tous les déséquilibres et désalignements de votre être.

Elles sont nécessaires et vous permettent d'apprendre à vous écouter pour mieux vous connaitre.

Elles sont inhérentes au processus de guérison de toutes vos blessures.

Parmi les émotions, la joie fait déjà partie de vous, elle est déjà disponible en vous.

Réussir à vous reconnecter à votre joie intérieure peut sembler impossible à certains alors qu'ils souffrent ou sont perturbés.

Lorsque vous choisissez de remercier, vous n'êtes plus qu'à un pas de la joie.

La gratitude est beaucoup plus accessible que la joie.

Les sujets de remerciements sont infinis, à vous de choisir. Entre ce que vous êtes, tout ce que vous possédez, tout ce que vous aimez... même d'humeur maussade, lorsque vous vous sentez triste, déprimé ou autre.

Vous pouvez vous extirper des spirales descendantes et basses en vibrations, pour choisir la spirale ascendante de la gratitude.

La gratitude emmène dans son sillage tous les êtres désireux de remonter leurs vibrations.

La foi des sages

Certains ont une telle confiance en la vie qu'ils choisissent de remercier pour tout, y compris leurs maux.

Ils ont la foi et savent que la vie les aime, que tout est toujours fait pour leur plus grand bien.

En remerciant pour tout ce qui vous arrive, vous accélérez la venue des effets positifs dûs à la situation que vous vivez actuellement.

Vous empêchez que la situation vous impacte plus encore. Vous prenez de la hauteur.

Plus vous la pratiquez, plus il vous sera aisé de percevoir « le bien dans le mal ».

Qu'il s'agisse de leçons de croissance comprises, de savoirs, de connaissances acquises ; il vous sera de plus en plus facile d'appréhender les situations auxquelles vous serez confrontées.

Vous n'en êtes pas encore à un tel degré d'abnégation ? Rassurez-vous. La gratitude peut tout de même vous aider.

Les effets de la gratitude

Remercier, agit sur

- ☺ Votre humeur
- ☺ Les situations
- ☺ Sur tout votre champ vibratoire

☺ Votre capacité à aller de l'avant

☺ Votre santé

Ce que remercier vous apporte

☺ Un certain lâcher-prise ouvrant les portes de la confiance en l'univers.

☺ Vous cesserez de nourrir ces expériences difficiles qui reviennent inlassablement.

☺ La redirection de votre énergie vitale vers vous-même et vos projets redevient votre priorité.

La gratitude vous épargne bien des remontées difficiles après être tombé dans l'abîme de la complainte.

Remercier, vous procure une ascension accélérée vers les sommets émotionnels et dimensionnels.

L'authenticité

Les remerciements que vous faites avec cœur vous connectent avec la totalité de ce qui est.

Cette authenticité vous propulse dans les strates les plus élevées ; elle agit sur vous et sur la totalité.

Cette pureté est un cadeau que vous faites à tous.

Votre cœur amplifie

- 🌑 Le Pouvoir des mots déjà très puissant
- 🌑 Le Pouvoir de la pensée.
- 🌑 Le Pouvoir de l'intention
- 🌑 Le Pouvoir de l'action

Tous les puissants pouvoirs dont vous disposez sont amplifiés ; l'authenticité multiplie tous vos pouvoirs par 100.

Sachez que ces précieux cadeaux que sont les remerciements avec cœur, dits « authentiques », sont autant de retours qui vous sont assurés, sans même que vous n'ayez besoin d'y penser.

Parler avec son cœur, c'est laisser apparaitre la partie la plus vulnérable de vous-même.

Un cœur ouvert n'a ni calculs ni attentes, il est tout simplement confiant ici et maintenant.

Le partage de ces remerciements sincères permet à la totalité de s'élever, de s'embellir.

Rappelez-vous que vous avez tous un impact sur le tout ; vous participez à son évolution à chaque instant.

En remerciant pour ce que vous ne voyez pas encore, vous renforcez votre demande. Pour vous, il est désormais acté que c'est une demande réalisée. Vous ajoutez à vos visualisations plus de poids, plus de matière.

La Gratitude est le premier pas vers la confiance ultime : la Foi.

La foi, la confiance ultime

Savoir, être persuadé que ce que vous avez demandé est d'ores et déjà accepté, accordé et matérialisé dans d'autres dimensions pour l'instant invisibles à vos sens.

Vous savez, vous sentez que l'objet de vos désirs est déjà une réalité.

Cette relation de confiance que vous construisez avec l'univers, en adéquation avec tout ce qui est, devient la base de puissants miracles.

Elle fluidifie les échanges, amplifie la portée de vos souhaits.

La foi est la conviction profonde que ce que vous avez demandé est là. Vous permettant de lâcher prise et de continuer d'avancer.

C'est acté, il est inutile de s'y attarder.

La foi que vous avez en la vie vous met à l'abri de vos propres créations antagonistes.

Lorsque vous vous retrouvez au pied du mur sans portes de sortie, nombreux sont ceux qui, une fois acculés, réclament sans le savoir davantage de difficultés.

En ruminant et en vous focalisant sur la raison de vos déboires, vous créez plus d'obstacles encore.

Lorsque vous avez foi en l'univers, vous savez que cet obstacle est l'occasion de mettre en pratique ce que vous avez appris.

Vous savez que vous êtes armé et que tout ce qui vous est proposé est à la mesure de vos capacités.

La mise en pratique de la foi est mêlée de patience, de recul, de lâcher-prise, de confiance et d'amour.

Votre apriori face à ce qui se passe dans votre vie devient positif.

Vous savez que tout est pour le mieux.

Ce qui est mis en évidence se doit d'être vu, conscientisé, afin que vous puissiez décider de le conserver, de le modifier, ou de le lâcher.

La foi, c'est savoir que les solutions viendront au bon moment pour chacun.

Cet acte à lui seul vous rapproche du sentiment le plus puissant et authentique : l'amour.

L'Amour

La base de ce qui est

Trop souvent réduit à l'aspect amoureux, l'amour est l'essence de tout ce qui est.

Tout ce qui vibre, qui vit est un condensé d'amour. Qu'il s'agisse de l'air que vous respirez, des êtres qui vous sont chers ou non.

L'amour a été nécessaire pour créer tout ce que vous voyez, sentez, touchez...

Tout est énergie ; tout a une fréquence et émet des ondes.

Le tout résulte de l'amour.

L'amour autour de vous est en vous.

Vous avez déjà tout ce que vous recherchez à l'intérieur de vous.

Vous êtes l'amour incarné et vous avez la possibilité de développer tout ce sur quoi vous posez votre intérêt.

Créateur

L'Univers, dans son immense générosité, vous a doté du pouvoir de création.

Vous êtes le créateur de ce que vous souhaitez vivre.

Les différents biais par lesquels vous créez vous ont été énoncés plus tôt dans cet ouvrage; sachez que cela est possible parce que vous êtes amour.

L'amour est présent à tout moment. À chacun des battements de votre cœur, à chacune de vos respirations, dans tout ce que vous voyez, sentez, touchez, goutez, entendez, ressentez.

Cet amour est omniscient, omnipotent et bienveillant. Il vous apporte toujours ce qui vous convient au gramme près.

Justice

L'amour est la justice divine.

Cette justice parait aléatoire à nombre d'entre vous, alors qu'en réalité cette justice est parfaite, d'une précision inégalée.

Tout l'univers est régi par cette loi de l'amour.

Chaque être est à chaque instant ausculté pour recevoir ce qui lui convient parfaitement ; à chaque instant de votre vie.

Meilleur ami

Soyez bienveillant, devenez votre meilleur ami.

Celui qui parle vrai avec amour.

Celui qui comprend et entend

Celui qui est aussi capable de vous secouer pour atteindre vos objectifs.

Vous êtes le seul qui sera toujours avec vous.

🌑 Réapprenez à vous aimer.
🌑 Apprenez à vous connaitre, à vous respecter.

Vous avez autant le droit d'exister que toute autre créature.

Vous avez votre propre lumière à diffuser, seul vous avez cette teinte, cette couleur, cette note.

Perfection

L'amour peut avoir différentes appellations : Univers, Dieu, la création, le tout... À vous de choisir celle qui résonne avec vous.

Aussi imparfait que vous puissiez supposer être, vous êtes amour et donc parfait. Reconnu comme tel par la totalité, vous êtes le maitre de votre destinée.

Votre existence est l'expression unique de l'amour universel en vous.

Vous participez à créer une vie unique, que l'amour se plait à partager à vos côtés.

Les clefs du monde vous sont données, à vous d'en disposer : Votre monde ⟺ Votre réalité.

Jugement

Jamais l'amour ne vous jugera, chaque jour présent à vos côtés, témoin de ce que vous vivez et ressentez.

Il est celui qui comprend vos égarements, vos peines et vos joies.

Toujours présent, il attend que vous demandiez son aide.

Votre libre arbitre consiste à faire le choix de demander de l'aide ou non.

Aucune lutte, épreuve ou difficulté n'est nécessaire pour obtenir ce que vous désirez.

Prise de conscience

✓ La majorité de ce qui vous est arrivé est due à vos paroles, pensées, croyances, énergie, émotions, sentiments et choix d'incarnation.

C'est difficile d'arriver à reprendre son pouvoir, car cela signifie :

🌑 Accepter que vous avez toujours été le seul responsable de votre réalité.

Il est préférable pour certains de penser que tout ce qui leur est arrivé est dû aux autres, les reléguant à un statut de victime ou d'esclave.

Ils rejettent ainsi leur propre pouvoir d'action dans leur vie.

✓ Vous êtes venu sur cette terre pour vous retrouver, retrouver votre essence.

Dans la matière, il est ardu de déceler la beauté de ce que vous êtes réellement.

La matière occulte l'essentiel de votre être, réduisant tout ce que vous voyez à son contenant, à l'image perçue par vos yeux.

- En réalité, ce que vous voyez n'est que la partie émergée de l'iceberg que vous êtes.

- Vous êtes un monde dans des mondes. Votre monde est un microcosme dans un macrocosme.

- Ce monde que vous incarnez participe à tous les autres univers.

- L'univers entier s'adapte à vous, vous participez à l'expansion de l'univers créé par l'amour.

- Chacun de vous est une fenêtre par laquelle la force divine se regarde évoluer.

- Chacun de vous fait partie de cette toute-puissance bienfaisante.

- Chacun a l'immense pouvoir de réaliser le film qu'il souhaite, sans jamais être jugé.

Si vous vous éloignez trop de la ligne éditoriale que vous vous êtes fixé avant votre incarnation, les évènements vous réorientent.

- Les pensées que vous choisissez, donnent le la à votre réalité.

Expropriation

Vos croyances norment le terrain de vos réalisations.

Vous serez amenés à créer dans l'espace laissé par celles-ci.

Il est fondamental de vous accorder le plus d'espace possible pour créer.

Certains de vos espaces privilégiés sont occupés par d'autres. L'impact que ces êtres ont sur vous vous empêche de vivre pleinement.

Vous leur avez abandonné certaines parties de vous, ils deviennent alors maitres de vos espaces réservés, de votre réalité.

Il est primordial de récupérer votre pouvoir afin de retrouver la pleine maitrise de votre cadeau divin; votre vie.

Captif de vos traumas

Les évènements traumatisants subis altèrent vos capacités.

Des blessures faites sont souvent laissées béantes, elles n'ont pu cicatriser, tant il était difficile de les aborder.

Elles ont été cachées, rejetées au plus profond de votre être.

Dans la pénombre, elles se sont ancrées.

Seule votre conscience a le pouvoir d'entamer une guérison profonde et définitive de vous-même.

Autrement tout évènement peut réactiver ces traumatismes passés ; ils déclenchent le scénario réactionnel à cette ancienne souffrance de nouveau active maintenant.

Les relations avec les autres s'en trouvent affectées.

Beaucoup pensent à tort que les autres sont la cause de leurs souffrances, alors qu'ils ne font bien souvent que réanimer les blessures cachées que vous aviez enfouies sous le tapis.

Ces blessures cachées à votre conscience vous entravent; elles vous empêchent de vivre libre.

Vous êtes bien plus fort que vous le pensez. Les êtres qui vous ont éprouvé parfois jusque dans votre chair n'ont aucun droit sur votre vie.

Vous faites partie de l'amour et avez le droit d'exister pleinement.

Relevez la tête, soyez fière de qui vous êtes !

Demandez de l'aide, à voix haute ou juste dans votre cœur. Vous êtes entendu.

Vous êtes tant aimé, précieuse particule de l'univers, enfant chéri tant attendu.

Parlez de ce qui vous tracasse.

Extériorisez-les. Écrivez.

La répétition

Le processus de table rase est la base saine de toute reprise en main de votre existence.

Cette libération de vos passés permet de vous extraire de tous ces schèmes répétitifs.

La répétition des évènements se produisant dans votre vie rassure le mental qui reste en terrain connu.

Il sait que les choses se déroulent « toujours comme ça » pour vous.

Il a la conviction que cette idée est vraie, elle devient donc votre réalité.

Cette victimisation amplifie les retours qui vont crescendo, jusqu'à ce qu'un changement puisse s'opérer en vous.

Bouleversements

Mental apeuré

Lorsque la vie semble vous bousculer, c'est avant tout pour permettre de faire de la place au renouveau.

Le changement est ce que redoute le mental.

Cette partie de vous tentera de vous empêcher de changer vos habitudes.

Effrayé par l'inconnu, votre partie dite logique s'emballe. Elle est incapable d'affronter la nouveauté seule.

Pour avancer, le mental n'a qu'une possibilité : s'appuyer sur vos expériences passées. Il avance à reculons, trébuchant, lentement, la peur au ventre.

Toute ombre perçue au loin est potentiellement un monstre pouvant mettre un terme à votre vie.

Cette peur viscérale a la capacité de matérialiser les monstres auxquels vous avez accordé votre attention.

Votre mental a besoin d'un guide. Ce guide est déjà présent en vous.

Cœur puissant

Pour l'entendre, il est indispensable de faire le vide en vous.

Baissez le son de ce qui vous vient de l'extérieur.

Tournez-vous vers l'intérieur, vers vous-même.

En vous se trouve tout le nécessaire à votre incarnation.

Entendre votre voix intérieure, votre guide implique que vous ayez fait taire les cris de vos souffrances, de vos blessures.

Vous pourrez ensuite accepter les leçons de croissance comprises par vos souffrances anciennes.

Remuer la vase

Mettre un mouchoir sur vos problèmes incite l'univers à mettre en lumière ce que vous avez refusé de voir.

Des impulsions externes ou changements imposés agissent telles des décharges électriques, qui vous aident à changer les lignes de votre vie, si vous le souhaitez.

➤ Rappelez-vous que cette vie est une expérience.

Chaque étape est majeure.

Vous avez tout à fait la possibilité d'aborder ce qui vous effraie à votre rythme.

La sagesse s'acquiert au rythme de vos expériences.

Libre arbitre

En cas de difficultés : demandez !

Il faut que vous demandiez pour avoir.

C'est la base du libre arbitre : vous êtes le maitre de votre vie.

Il est de votre responsabilité de vous soigner ou non, c'est à vous de décider pour vous.

Sachez que vous serez toujours entendu.

Vos fréquences repoussent et attirent ce qui fait partie de votre vie, les protagonistes de votre réalité.

Ce que vous vibrez agit sur la totalité.

La victime appelle toujours un bourreau.

L'instant

Les changements sont possibles à chaque instant.

Chaque instant est porteur de commencements et de fins, attendant que vous soyez près.

À force de vous rabaisser, de vous dénigrer, d'avoir cru ce que d'autres disaient à votre sujet, vous avez oublié que votre essence est sacrée.

Culpabiliser

Il est de votre responsabilité de reprendre votre pouvoir, rappelez-vous que vous n'êtes pas pour autant coupable.

Culpabiliser, c'est devenir votre propre bourreau.

Cette colère retournée contre vous-même qu'est la culpabilité doit être entendue et désamorcée.

Laissez la place à des sentiments en lien avec votre essence qui est « amour ».

- La bienveillance est de mise dans toutes vos entreprises.
- Vous avez la responsabilité de vos choix.
- Les erreurs que vous faites participent à votre expérience.
- Ces expériences sont nécessaires.

Elles sont autant de mise en pratique, d'essais qu'il est important de vivre pour intégrer les leçons de croissance inhérentes à votre incarnation.

Pour résumer, les choix que vous faites, quels qu'ils soient, sont toujours bons, ce sont ceux que vous avez choisis à l'instant T, votre vécu vous a amenés à faire ce choix, que vous le regrettiez est inutile, c'est fait, d'autres expériences sont déjà en route vers vous.

A posteriori

Vous aurez l'occasion de faire des choix nouveaux, des choix qui sont en phase avec les changements qui s'opèrent à chaque instant de votre vie.

Le recul face à une situation passée est toujours plus aisé.

Se dire que vous auriez dû agir de telle ou telle manière équivaut à refaire le match.

C'est dans l'instant que tout se joue.

L'entrainement

Les répétitions de paroles, de pensées ou d'actions positives sont des entrainements vous permettant de réagir au mieux dans l'instant.

Les phrases positives, la respiration, la méditation, ou toutes autres routines que vous avez choisi d'intégrer en vue d'agir différemment permettent de devenir des réflexes au moment opportun.

Elles sont nombreuses, diverses et variées. À vous de choisir celles qui vous siéent, celles qui résonnent avec vous.

Vous êtes tous différents.

Ce qui convient à l'autre ne vous convient pas forcément.

Seul vous, pouvez savoir ce qui résonne avec votre être.

Plus vous ferez d'expériences, plus vous saurez ce qui vous fait vibrer.

Qui juge qui ?

Les jugements n'ont pas lieu d'être. Vous êtes tous différents, donc aucune norme ne peut être valable pour tous.

Tous les jugements que vous émettez n'ont pour base que vous-même, vous êtes la norme de vos jugements.

Les jugements que vous avez sur les autres sont autant de freins que vous vous mettez.

Ce sont des limitations, des bornes à ne pas dépasser.

Vous êtes des êtres illimités, qui se restreignent à mesure que fleurissent les aprioris.

Vous êtes venu expérimenter pendant cette vie, apprendre, connaitre et reconnaitre ce qui vous plait, ce qui vous fait vibrer.

Il est important de respecter les choix faits par chacun. Chacun sa vie, chacun son chemin de vie.

Nouvelle vie en conscience

Rappel

- ✓ Vous bénéficiez tous du libre arbitre, ce pouvoir surpuissant que vous détenez est un droit inné, vous l'avez déjà en votre possession.
- ✓ Vous êtes les maitres de votre vie.
- ✓ Il vous est impossible de juger une personne dans son entier, vous ne pouvez appréhender que certains de ces faits.
- ✓ Pensez à vous recentrer sur ce que vous avez le pouvoir de changer : vous-même.

En agissant de la sorte, vous agissez pour la totalité, vous devenez le changement que vous voulez voir en ce monde.

- ✓ Nourrissez de votre énergie ce qui vous plait.
- ✓ Les négations ne sont pas entendues et sont responsables de la matérialisation de nombreux souhaits dont les intentions étaient l'inverse de la formule employée.

- ✓ Ce que vous croyez complète la prière ou la demande formulée.
- ✓ Ce que vous vibrez est la somme de vos pensées de ce que vous croyez vrai, de ce que vous dites, de ce qui pour vous fait sens.
- ✓ Lorsque vous souhaitez que viennent des choses nouvelles dans votre vie, il est important de les définir.
- ✓ Pour toutes images et tous concepts, ayez une image concrète de ce que cela signifie pour vous.

Ce souhait que vous vous apprêtez à émettre est porteur d'une réalité nouvelle.

- ➢ Une fois énoncé, soyez conscient qu'il est déjà incarné. Cette réalité nouvelle est déjà présente.

Par exemple : la peur qui n'est pourtant pas encore palpable dans votre réalité, son idée seule suffit à créer les effets en vous, vous sentez tout votre corps réagir, pour lui, c'est déjà avéré.

- ➢ Ayez confiance, rappelez-vous que vous le savez, vos demandes sont déjà exaucées. <u>Toutes se présenteront au moment parfait pour vous.</u>

- ➢ Il est fondamental de vous ausculter. Vérifiez ce qui pourrait gêner l'obtention de ce à quoi vous avez pourtant droit.
- ➢ Cessez de lutter contre ; choisissez de « vous battre pour."

Lutter pour

Les résultats obtenus seront complètement différents ; vous cesserez de nourrir ce qui vous révolte.

Votre énergie sera dirigée vers ce que vous souhaitez.

« Luttez contre » nourrit ce que vous nommez ; vous participez sans le vouloir à amplifier ce que vous trouvez si problématique que la seule alternative pour vous est de vous battre. (Cf. exemple)

Ce sont autant de combats perdus d'avance.

Énergétiquement, vous ne vous êtes pas rendu compte que votre attention a été donnée au camp adverse.

Nommez

Le verbe est créateur, les mots que vous choisissez d'employer participent à votre réalité.

<u>Nommer une solution est indispensable à sa réalisation.</u>

Il est crucial pour tout projet de le nommer pour le voir s'incarner.

En nommant ce que vous abhorrez, vous participez à l'amplifier.

Attention amplificatrice

Chaque fois que votre attention est portée sur un sujet, ledit sujet abonde dans votre réalité.

Quel que soit le sujet, une fois que votre attention est focalisée, vous constatez une pléthore de cas, d'exemples en rapport avec votre focal.

Qu'il s'agisse de personnes ayant une particularité (ex. : femme enceinte), de chiffre, de lieu, de couleurs, d'animaux...

vient à vous ce sur quoi votre attention est portée. cf. exemples...

Votre réalité s'emplit de ce que vous avez sélectionné par votre attention.

Mots vides

Contradictions : mots/vibrations

Vous aurez beau répéter que vous êtes riche, si c'est le manque que vous vibrez, vos paroles sonneront creux.

Elles retomberont dans l'oubli avant même d'avoir pu recevoir l'énergie nécessaire à leur matérialisation.

Il y a là une contradiction ; c'est donc ce que vous vibrez qui prime sur vos mots. Ici, c'est la peur de manquer.

La force de votre vibration l'emporte.

Plus les émotions sont fortes, plus vite vous recevrez ce que vous vibrez.

Cela équivaut à faire une demande de tout votre cœur.

Le scénario de la peur de manquer se met en place, votre corps réagit, s'ajoutent des visualisations, des images des effets de cette peur réalisée.

Aucun doute pour vous, elle est bien présente, c'est un fait.

Voici le mécanisme d'une demande entendue, qui est déjà réalité.

Il vous suffit de reprendre tous ces ingrédients et de les remettre à votre service !

Contradictions : mots/valeurs

Il est impossible que vous receviez ce qui est contraire à ce que vous véhiculez comme valeur.

Si pour vous, être riche comporte du négatif, tel que les riches sont « méchants », qu'il faut écraser les autres pour réussir, que la richesse rend... ces pensées et croyances agissent dans votre vie comme une « para richesse ».

Cela est valable pour tout ce que vous voulez, mais que vos croyances jugent néfaste, nuisible...

Foi créatrice

Dans le cas de votre demande, il est indispensable de « Savoir » que vous l'avez déjà reçue, qu'elle est déjà là. Vous voyez dès à présent tous les effets positifs se produire dans votre vie.

Imaginez tous les impacts positifs qu'aura la réalisation de votre demande maintenant dans votre quotidien.

Voyez-vous heureux, content, épanoui.

Si cela vous est difficile, employez la gratitude pour vous aider à la matérialisation de vos demandes.

Tant que vos demandes n'empêchent pas votre évolution, vous avez la certitude que vous serez exaucé.

Au mérite

Vous recevrez à la mesure des croyances que vous acceptez comme vraies pour vous-même.

En d'autres termes, vous aurez ce que vous pensez mériter.

Tout part de vous, les autres ne rentrent pas en ligne de compte dans votre réalité.

Ce que pensent les autres de vous n'a donc aucune incidence sur votre vie, sauf si vous décidez de le croire.

Confiance en soi

N'attendez pas des autres qu'ils croient en vous, qu'ils vous supportent, vous encouragent; ça, c'est votre job.

Vous devez être le premier à croire en vous-même.

Ce qui sera pris en compte, c'est l'amour que vous vous portez; le crédit que vous portez à ce que vous êtes.

Le manque de confiance en vous a une incidence sur ce qui vous sera apporté par l'univers.

En refusant de vous apporter cette confiance, vous envoyez le message suivant à l'univers, « vous ne méritez rien", " le minimum vous suffit".

Vous aurez donc des retours à la hauteur de ce que vous croyez.

C'est vous qui devez faire cette démarche de croire en vous, en vos capacités.

Pour vous aider, l'univers mène à vous des êtres qui pensent la même chose que vous à votre sujet. Est-ce que cela vous plait ?

Vous avez la possibilité d'agir sur vos relations avec les autres en changeant votre relation avec vous-même.

Les autres sont le reflet de ce qui se passe en vous, inutile de vous cacher la vérité de ce qui se passe en vous.

Les autres mettent à jour ce que vous pensez réellement de vous-même, jusqu'à ce qu'il se produise un écho dont le retentissement amorce un changement en vous-même.

Les modifications que vous faites en vous se répercutent sur le monde qui vous entoure.

Sans action de votre part, vous êtes tributaires des perturbations qui vous sont imposées.

Vous plaindre aura pour effet d'augmenter l'affluence et l'intensité de vos plaintes.

Les plaintes attirent les plaintes, tout comme les remerciements attirent les remerciements.

Assumer

Accuser les autres, le sort ou toute autre entité extérieure vous dépossède de votre pouvoir, de votre capacité à diriger votre réalité dans la direction que vous envisagiez.

Votre responsabilité est synonyme de liberté ; liberté d'être, de vivre, et de vous tromper.

En vous trompant, vous apprenez, en essayant, vous réajustez votre réalité.

Assumer votre responsabilité vous rend libre.

Voyez comme le contraire vous emprisonne.

Lorsque la responsabilité se situe en dehors de vous, vous devenez tributaire du tout-venant.

Votre énergie nourrit cet être que vous désignez comme responsable à vos dépens.

Sans votre pouvoir qu'est la responsabilité de votre vie, vous devenez esclave d'un tiers.

Assumer ses erreurs est libérateur et formateur.

Ainsi, vous ajoutez à votre crédit une expérience vécue pleinement et comprise.

Vous pouvez continuer d'avancer, de découvrir et de parfaire la maitrise de votre réalité.

Maitrise

Il est fait mention ici de maitrise et non de contrôle.

Le sens choisi pour définir la maitrise est le suivant :

« Connaissance approfondie et sûre d'un objet de pensée, d'une discipline, d'un art, d'une technique. »

La vie est un art dont certains êtres en deviennent les virtuoses.

Un être responsable de ce qu'il dit, de ce qu'il pense, de ce qu'il fait, s'assume.

En tant que maitre conscient de ce qu'il est, vous savez que le pouvoir divin qui vous est attribué va de pair avec une responsabilité assumée dénuée de culpabilité.

Vous êtes venu expérimenter l'étendue de votre pouvoir dans la matière.

Vous êtes détenteur d'un pouvoir divin, vous permettant de régler l'intensité de ce que vous vivez dans votre réalité.

Vous avez entre vos mains le thermostat pour régler les différents paramètres intervenants dans l'élaboration d'une vie, la vôtre.

Ce livre vous offre l'opportunité de vous réapproprier en conscience ce qui a toujours été vôtre ; la liberté de choisir votre réalité.

Le choix et la destinée

Chaque instant est choix.

Vous avez la possibilité de choisir le chemin à emprunter, ainsi que tout ce qui a sa place dans votre réalité.

La destinée est la trame principale que vous avez établie avant votre venue au monde. La destinée vous indique la direction.

Vous choisissez de passer par différents chemins pour arriver à un même point. Seul compte le chemin que vous empruntez.

Regretter son choix

Les options non choisies ne sont plus que des fantômes du passé.

Inutile de les regretter ; leur potentialité n'a duré que le temps de votre choix, une fois fait, elles se sont dissipées.

Regretter des choix que vous avez faits peut vous empêcher d'avancer, vous faire stagner, voire régresser. Alors que lorsque vous prenez la mesure de vos erreurs, vous avancez fort de votre expérience nouvellement acquise : vos leçons de croissance.

D'autres choix et opportunités viendront à vous.

C'est dans le présent que vous pouvez pleinement être conscient des choix et opportunités qui vous sont proposés.

Lorsque vous restez bloqué dans le passé, vous vous coupez de l'instant présent.

Évitez de vous enchainer à ce qui n'es plus.

Rappelez-vous que vous êtes le maitre de votre réalité : il vous suffit de faire une demande pour la modifier.

Demande pour autrui

Toutes les demandes que vous faites sont avant tout pour vous-même.

Y inclure les autres est tout à fait admirable.

Il faut tout de même que vous soyez conscient que les êtres qui vous sont chers peuvent faire des choix contraires aux vôtres.

Ils sont souverains eux aussi dans leurs réalités. Et leurs demandes prévalent aux vôtres.

Séparations

Certains de ceux que vous avez côtoyé seront amenés à suivre une destinée éloignée de la vôtre.

N'ayez aucun regret, ce que vous avez partagé reste à jamais ancré en vous. Tous ces souvenirs font partie de vous à jamais, ils ont participé à la construction de l'être que vous êtes aujourd'hui.

Vos interactions sont encore actives aujourd'hui.

Même après votre vie, l'amour partagé reste une réalité.

Avec le temps, même les interactions avec ceux que vous avez considérés comme vos ennemis, ceux qui vous ont blessé, auront une dimension inespérée.

Votre capacité d'adaptation, les opportunités que vous avez choisi de saisir parce que vous étiez dos au mur, sont en général, celles qui vous ont permis de vous retrouver.

Zone de confort

Les changements peuvent arriver brutalement dans vos vies.

Ces tsunamis ont pour vocation de vous décoller de votre rocher ; de vous sortir d'un confort supposé.

Pour reprendre le chemin vers votre destinée, si vous êtes actuellement dans une période de changements profonds dans votre vie, au moment où vous lisez ces lignes ; « rassurez-vous, tout se passera bien. »

L'univers vous assiste, prêt à entendre vos demandes pour votre avenir.

Vos peurs sont légitimes, mais il est important de les dissoudre au plus vite afin d'éviter de les inclure dans votre réalité.

Ayez confiance en vous, en la vie ; le meilleur est à venir.

Votre film

Vous le savez désormais : le ton, la teinte, la couleur dont vous parez votre réalité est votre choix.

Qu'elle soit monotone, joyeuse, mélancolique, triste... Vous avez le choix.

Votre réalité est votre film à vous.

Vous êtes le producteur, le réalisateur, l'acteur, le technicien et le scénariste de ce que vous vivez.

Les autres ne sont que des figurants bénévoles, auxquels vous ne pouvez imposer vos dialogues.

Ils interagissent avec vous tant qu'ils le souhaitent. Ils viennent à vous lorsque vos énergies se ressemblent et s'éloignent lorsqu'elles diffèrent.

Certains ont des rôles plus ou moins longs et importants.

Vous apprenez d'eux, comme ils apprennent de vous.

Les relations, les interactions, les rencontres sont autant d'expériences, de partages, d'apprentissages que vous intégrez sans même y penser.

L'autre vous apprend beaucoup sur vous-même.

Dire qu'il est votre reflet est loin d'être une image abstraite. Il vous renvoie ce que vous vibrez sans que vous ne vous en doutiez.

- ✓ Grâce à l'autre, vous pouvez connaitre votre niveau de vibration.
- ✓ Ceux qui viennent à vous sont du même niveau de vibration que vous à l'instant de la rencontre, ils sont d'une aide précieuse.

Lorsque vous êtes conscient de ces rappels à l'ordre, vous avez le loisir de réajuster vos vibrations, sentiments, pensées, paroles et états d'esprit.

Détonateur

Les êtres déclencheurs des prises de décisions entrainent des changements profonds dans vos vies. Ceux qui vous ont sorti de votre zone de confort, d'un statu quo, d'un compromis acceptable pour vous.

Ils sont sur votre chemin afin de vous remettre en route vers votre idéal ; cette voie que vous aviez mise de côté, offrant un semblant de stabilité.

Votre lumière est indispensable à ce monde.

Reprendre votre route est nécessaire à une vie pleinement vécue.

Baisser les bras est aussi un choix, qu'il vous appartient de faire en conscience pour ne rien regretter.

Regretter

Les regrets ressentis entre vos vies sont si forts qu'ils vous poussent à revenir ici pour endurer les souffrances et les difficultés découlant d'une nouvelle incarnation.

C'est la raison pour laquelle tout est fait pour vous pousser dans la direction que vous avez choisie avant votre venue sur cette Terre.

Objectifs différents

Tout est mis en œuvre afin que vous puissiez réussir à accomplir les objectifs que vous vous êtes fixés.

Tout cela parce que vous êtes important pour la totalité. Chacun de vos choix est d'ores et déjà accepté.

Aucun de vous ne peut juger la situation de son semblable.

Votre point de vue est valable uniquement pour tout ce qui concerne votre vie.

Les choix des autres sont aussi louables que les vôtres.

Écouter, comprendre et accepter les choix d'autrui est un beau cadeau que vous vous faites.

Vous vous permettez ainsi d'ouvrir vos horizons.

Ouverture

Être ouvert à l'autre vous permet d'apprendre et d'ajouter les connaissances qui vous plaisent à votre réalité.

En vous refusant de juger l'autre à travers votre prisme, vous refusez que d'autres outrepassent vos libertés.

Votre avis

Dans vos sociétés, il est de coutume de donner sans arrêt votre avis sur tant de sujets sans même les comprendre.

Vos paroles sont réduites à un pourcentage, engrangeant et nourrissant autant d'égrégores qu'il y a de sujets de société.

Gardez-vous le plus possible de donner votre avis. Dites ce que vous voulez pour vous, c'est tout ce que l'univers attend de vous.

Gardez votre énergie pour nourrir les sujets qui sont importants pour vous.

Focalisez votre attention sur vous.

Permettez-vous d'accomplir vos rêves.

Choisissez le meilleur pour vous-même.

Vous avez le droit à l'erreur, expérimentez ce qui vous tient à cœur, sans crainte, laissez parler votre cœur.

Des autres, tirez le meilleur.

Gardez ce qui vous élève, délestez-vous de toutes lourdeurs.

Servez-vous du reflet qu'est l'autre pour réajuster et modifier ce qui vous déplait chez vous-même.

Rappelez-vous que les jugements ne concernent que ceux qui les profèrent.

Avancez sereinement, vous savez que ce qui compte vraiment : c'est que vous fassiez toujours de votre mieux à tout moment sans vous juger vous-même.

La bienveillance que vous portez à tous vos projets est de l'amour que vous diffusez à vous-même, mais aussi à la totalité.

L'attention que vous distribuez est autant de force que vous donnez.

À vous de choisir ce que vous voulez voir prospérer.

Médias et réseaux

Les différents réseaux que vous utilisez extirpent votre attention.

Vous avez la responsabilité du temps que vous y passez, de votre fil d'actualité.

Tout ce que vous voyez est le résultat de ce sur quoi vous portez votre intérêt.

Cette drogue qui vous est continuellement diffusée, à laquelle il vous suffit de vous connecter en un clic, ne peut être administrée qu'à des êtres capables de l'utiliser consciemment pour la mettre à profit.

Au risque de se faire aspirer votre énergie, votre temps, vos instants présents.

Responsable, vous l'êtes dans toutes les sphères de votre vie.

Vous avez toujours le choix de vous connecter ou pas, vous avez toujours le choix d'utiliser ces temps de connexion pour acquérir des connaissances.

Divertissement

Le divertissement est nécessaire à l'intégration de nouvelles connaissances.

Lorsque vous apprenez par le jeu, les enseignements s'intègrent en vous. Tout votre être apprend.

Tout votre être a compris et ressenti l'importance de ce nouveau savoir. Il fait déjà partie de vous.

Cette information vous est donnée afin de dédramatiser l'enseignement.

Plus vous aurez envie, plus il vous sera facile d'intégrer de nouvelles connaissances.

Vous êtes ainsi équipé, votre état d'esprit est primordial.

Cadeau

Si vous vivez votre vie avec envie, avec joie, désireux de découvrir les surprises qu'elle vous réserve, vous agissez tel le maitre qu'est l'enfant, capable de découvrir chaque jour les merveilles que la vie vous offre.

Conscient que parfois certains cadeaux sont plus agréables que d'autres. Certains sont même cachés sous une forme repoussante, mais se révèlent plus tard.

La vie est un cadeau.

Toutes les expériences ainsi vécues ouvrent des horizons réservés aux plus grands initiés ; ceux qui gardent leur âme d'enfant. À eux, le paradis sur terre leur est déjà offert.

Capable de percevoir

Gardez votre âme exempte d'apriori, donnez-vous la possibilité de remettre la découverte au centre de votre expérience sur cette terre.

Prenez vos expériences comme seule valeur de référence pour vous-même.

Ce sont ces expériences qui vous ont mené où vous en êtes aujourd'hui.

Si le résultat vous convient, continuez dans la direction choisie. Dans le cas contraire, il est toujours possible de changer toutes les composantes de vos choix qui ont mené à ce résultat.

Ce que vous pouvez changer sur cette terre, c'est vous-même.

Regardez-vous, écoutez-vous : penser, parler, vivre, chanter...

Décortiquez vos croyances, zoomez sur ce avec quoi vous nourrissez votre être. Ce dont vous abreuvez votre essence.

Il est important de comprendre que ce que vous regardez, écoutez est un choix que vous faites, qui participe autant à ce que vous êtes que ce que vous buvez ou mangez.

Empoisonnés

Cette nourriture est à surveiller avec attention. Beaucoup s'empoisonnent sans s'en rendre compte ; anxiété, peur, soucis, peur de l'avenir, problèmes, etc.

Les informations les plus diffusées sont truffées de poisons que vous distillez dans votre quotidien.

L'ouverture sur le monde a créé un espace anxiogène qui vient jusque dans votre salon.

L'information avait pour but de vous rapprocher, de vous donner des nouvelles de vos proches, de vos voisins, de savoir ce qui se passe dans vos contrées.

Désormais, vos voisins sont la planète entière et vous n'êtes pas en mesure d'intégrer le monde dans votre quotidien.

Vous êtes ici pour vivre votre vie.

Votre compassion et votre empathie souffrent de votre impossibilité d'agir.

Impuissant

Vous vous retrouvez impuissant face aux différentes horreurs qui se passent, entrainant un constat d'échec.

Vous n'avez pas pour rôle de régler les problèmes du monde.

Périmètre d'action

Vous avez juste la responsabilité d'agir dans votre vie, sur votre champ vibratoire.

À vous, de faire que votre quotidien aille dans le sens du changement que vous voulez voir dans ce monde.

Un monde dont vous êtes une composante essentielle comme les autres.

Nombreux sont les êtres qui, par leurs pensées, leurs actes, leurs écrits, ont pu changer ce monde.

Chacun y participe, même si vous n'êtes pas sous les feux des projecteurs. Vous faites partie de cette danse cosmique, de cette magnifique toile, de cet hymne intersidéral.

Votre vie est importante pour vous-même, mais aussi pour le tout. À vous de la vivre comme vous le souhaitez.

Contradictoire

Il est vrai que certains de vos choix, de vos pensées, de vos actes, sont en totale contradiction avec votre essence.

Lorsque vos croyances sont antinomiques à votre être, un blocage se crée.

Vous avez alors l'impression que tout ce que vous entreprenez est difficile et compliqué. Ce n'est pas qu'une impression.

Bien souvent, les questions se posent lorsque se produisent des blocages ; c'est aussi le cas pour les remises en question.

Pourquoi ?

Ce type de question se pose : « Mais qu'est-ce que j'ai fait pour avoir...ou encore pourquoi ça m'arrive... ?".

De l'incompréhension nait l'écoute. Vous devenez enfin prêt à entendre votre être profond : celui qui a toutes les réponses à vos questions.

À partir du moment où vous vous interrogez sur vous-même, vous avez déjà fait le pas le plus important pour retrouver vos pleins pouvoirs innés.

Cesser de chercher en dehors de vous des responsables de vos échecs est le premier pas vers la réussite.

Mature

Vous devenez mature.

Cette notion de maturité va de pair avec la responsabilité du maitre que vous êtes.

Elle n'a aucun rapport avec l'âge, il s'agit avant tout de faire que tout ce que vous vibrez soit votre responsabilité.

S'assumer entièrement du meilleur au plus mauvais en comprenant qu'en faisant de son mieux, la culpabilité n'a plus lieu d'être.

Faire de son mieux.

Faire de son mieux est une norme à géométrie variable. Certains jours, vous vous sentez plein d'énergie, d'autres non. C'est à partir de cette base variable que vous faites de votre mieux.

Prêt

Cessez de faire les choses pour les autres, faites-les avant tout pour vous-même.

Faites-les parce que ça vous fait plaisir, n'attendez rien de l'autre, même pas un sourire.

Bien des actions partant d'un bon sentiment sont ternies suite à des attentes cachées. Inutile de laisser la possibilité à des rancœurs de prospérer.

L'exemple de la personne que vous laissez passer en voiture supposée vous remercier décrit bien ce propos.

Les ressentiments n'affectent que celui qui les éprouve. Vous vous coupez de vous-même, de votre joie, de votre paix.

Il est important de les évacuer au plus tôt pour empêcher qu'ils ne gangrènent tout votre être, pour à terme s'étendre à toutes vos relations.

Votre vibration appellera encore d'autres vibrations similaires. Seul vous, avez le pouvoir d'y remédier.

Trésor

Il est important de vous rappeler que les biens des autres leur appartiennent.

Vous aussi, vous avez la possibilité d'accéder à ce que vous pensez mériter.

Chacun de vous a un trésor particulier réservé, personne ne peut vous l'enlever.

Ce qui vous est retiré n'était pas voué à rester.

Il est nécessaire de rappeler que vous n'avez aucun pouvoir sur d'autres que vous. Les autres ont les mêmes privilèges que vous.

Ce sont des êtres tout puissants comme vous, ils ont le pouvoir de choisir pour eux-mêmes et nul ne peut leur retirer leur libre arbitre.

Émotions acceptées

Toutes vos émotions ont beaucoup à vous apprendre sur vous.

Les rejeter ne fait que retarder votre prise de conscience, les désagréments qui en découlent peuvent atteindre plus profondément votre être et finir par se matérialiser dans votre corps physique.

Il s'agit d'entendre l'émotion dès que vous la ressentez, en mettant votre attention dessus, vous êtes à l'écoute de ce qu'il se passe en vous : c'est de l'amour que vous vous apportez.

Vos ressentis ont une fonction importante, il est nécessaire de leur accorder toute votre attention, ils vous apprennent tant sur vous, accueillez-les avec bienveillance.

Cette prise de conscience vous ouvre des opportunités de changements et d'évolutions.

Chacun de vous est différent, chacun de vous a le droit d'être qui il est.

Vos émotions et sentiments expriment ce dont vous n'avez pas conscience.

Votre écoute vous permet de réagir, de vous apporter ce dont vous avez besoin.

C'est un élément important, qui vous permettra de rester en contact avec l'être le plus important de votre vie : vous-même : celui avec qui vous passerez une vie entière.

S'aimer

L'amour, toutes les attentions que vous vous portez, permettront d'éviter toutes dérives ; de trouver votre équilibre, de cet équilibre germera la réalité idéale pour vous, elle viendra irrémédiablement à vous.

La liberté d'être qui vous voulez être, de recevoir ce que vous voulez recevoir, est une réalité.

Il est inscrit si profondément chez certains, à force de répétitions, de croyances transmises que pour avoir, il est

nécessaire de souffrir, qu'il devient impossible de recevoir autrement qu'en souffrant.

Reconnaitre que ces idées sont erronées vous permet de vous ouvrir à d'autres réalités, des réalités toutes autres.

Les lois universelles, sont les mêmes pour tous et applicables à tous ; elles permettent à chacun de créer sa réalité unique. Cette réalité est composée de ce que vous avez choisi comme vrai pour vous.

Mode d'emploi, en bref

- Au départ, il y a vous, et à la fin encore vous.

- Tout part de vous, vous êtes le point d'ancrage de votre réalité. Votre vie tout entière se déroule en fonction de vos choix.

- La reconnaissance de ce fait est l'une des bases, tout comme l'amour que vous vous portez est un pilier de la relation que vous choisissez d'avoir avec vous-même, avec votre univers qui est en connexion avec tous les Univers.

- Les blessures que vous avez sont des occasions qui vous sont offertes pour vous donner de l'amour.

- Pour comprendre que ce dont vous souffrez n'a en fait rien à voir avec l'autre directement, mais avec l'image que vous avez de vous-même et que les autres vous renvoient.

- L'un des points importants à intégrer est que l'autre n'est qu'un reflet. Le seul moyen de modifier votre relation avec l'autre est de modifier ce que vous pouvez changer : vous-même.

- Tout part de vous et revient à vous.

- Tout ce qui est autour de vous est en fonction de vous.

- Vous êtes le centre de votre univers. Tout ce qui gravite autour de vous dépend de ce qui se passe en vous.

- Vos vibrations commandent et attirent à vous ce qui fait partie de votre réalité.

- Vos vibrations conditionnent ce qui peut vous parvenir.

- Vos vibrations sont composées de ce qui émane de vous.

- Ce que vous dites, pensez, a autant d'importance que ce que vous faites.

- Toutes ces données vous concernant sont à chaque instant compilées et analysées et tout est pris en compte pour que vous puissiez recevoir ce qui vous est parfaitement adapté.

- Vos vibrations vous donnent accès à la dimension qui convient.

- Seuls les êtres et les évènements de même niveau de vibrations que les vôtres peuvent entrer en résonance avec vous. Vous devenez inatteignables par les êtres de vibrations moins élevées.

- Les dimensions les plus basses étant plus lourdes et plus difficiles à supporter, beaucoup cherchent à s'élever pour y échapper. Sachez qu'il vous est impossible de vous échapper de vous-même.

- 🌑 Les lourdeurs que vous ressentez sont nécessaires à votre évolution.
- 🌑 Ce que vous ressentez à l'extérieur fait écho à l'intérieur de votre être.
- 🌑 Une introspection est nécessaire pour entendre et comprendre votre être profond.
- 🌑 Votre enfant intérieur ou d'autres parties de vous ont besoin que vous mettiez la lumière de votre conscience dessus.
- 🌑 Les répétitions, les schèmes, les rencontres, les situations qui se succèdent, se répètent ou se ressemblent ont pour but de vous pousser à agir différemment, sans cela vous risquez de continuer cette boucle cosmique.
- 🌑 Certains paliers doivent être maitrisés avant de pouvoir entamer des expériences nouvelles.
- 🌑 Vos croyances sont les limites de vos créations.
- 🌑 Vos réalisations sont normées par ce que vous pensez possible de créer, il vous sera donc impossible de réaliser ce que vous croyez impossible.

 Reprenez vos croyances, regardez-les, analysez-les et choisissez de garder celles qui vont dans le sens de ce que vous désirez aujourd'hui.

 Apprenez à nommer ce que vous rêvez d'avoir.

 Oubliez cette habitude de dire ce que vous ne voulez pas.

 Choisissez de signifier uniquement ce que vous voulez.

 À partir du moment où vous nommez quelque chose, vous l'appelez à vous, vous le nourrissez ; comme un aimant, il est désormais attiré par vous.

 Vous êtes un maitre puissant avec les responsabilités qui vous incombent. Vous avez la responsabilité de ce que vous ajoutez dans votre vie.

 Vous avez le droit d'ajouter tous les ingrédients que vous voulez.

 Vous êtes le seul à même de juger ce qui est parfait pour vous.

 Vous avez tous les droits de choisir un chemin difficile et tortueux, une vie de larmes et de désespoirs, de vivre dans la peur ou la maladie. Tous les choix sont respectables. Dans votre vie, seul votre choix compte.

- Tout changement de réalité se fait lorsque le maitre est prêt.

- Vous aurez beau essayer de vous substituer à l'autre, de faire à sa place, de forcer, cela n'aura aucun effet sur le long terme.

- Vous êtes l'acteur principal, le metteur en scène, le producteur de votre vie ; à vous de prendre la décision d'effectuer les changements nécessaires en vous, si vous souhaitez une réalité différente.

- Vous avez tous été choisis pour vivre votre vie choisie ici et maintenant.

- Chaque instant est porteur de débuts et de fins.

- Chaque instant est à savourer pour en recevoir le nectar du présent. Ce mets délicat est essentiel pour diriger votre réalité dans le sens choisi.

- C'est en étant présent ici et maintenant que vous pouvez créer votre vie rêvée.

- Le passé n'est plus, le futur n'est pas encore. Seul le présent est réel.

- Les rencontres que vous faites se présentent à vous au moment parfait pour vous.

 Les êtres dont vous avez partagé l'existence ont laissé leur en vous. Aussi brefs soient-ils, ces moments ont participé à l'être que vous êtes aujourd'hui.

 Les familles qui vous ont vu grandir sont celles que vous avez choisies. Elles ont pu vous fournir les connaissances et les armes nécessaires à votre évolution sur cette terre d'expériences.

 Aucune erreur n'est vaine. Les essais participent à votre expérience, ils sont porteurs de leçons pour vous-même.

 La bienveillance est indispensable.

 Bannissez la culpabilité, c'est un piège qu'il convient d'éviter, un gouffre dont il est difficile de se sortir et qui n'a aucune vertu à vous offrir.

 La responsabilité est un pouvoir, la culpabilité, une calamité. Bien sûr, si c'est votre souhait, vous pouvez vous y adonner, chacun est maitre de sa réalité.

 Tout vous est possible.

 Les mots que vous choisissez d'employer sont directement liés à ce qui se passe dans vos vies. Ils agissent telles des prières.

- L'univers vous répond toujours "qu'il en soit ainsi", à ce que vous pensez, dites, croyez et vibrez.

- La plainte est un aimant à situation similaire. Vous plaindre et ruminer est perçue par l'univers comme une demande renouvelée. Plus le sujet de votre attention est cité, plus vous aurez de situations similaires.

- Quel que soit les sentiments et les émotions utilisés ils amplifient l'intensité et la fréquence de ce appelez à vous.

- Un sentiment est une énergie qui va nourrir le sujet de votre attention pour ainsi lui permettre d'arriver plus vite et plus fort dans votre réalité. Sa matérialisation s'amplifie à mesure que pour vous il devient réalité, ex la peur.

- La pratique de la visualisation accélère les matérialisations dans votre réalité.

- Un mot est puissant. Ajoutez-y du sens (ce qu'il signifie pour vous), voyez-le, insufflez-y des émotions, des ressentis, voyez tous les changements que ce souhait opère dans votre vie. Ressentez ce qui se passe en vous.

- Laissez la gratitude vous mener vers la joie d'avoir déjà reçu.
- Votre attention est dirigée vers votre souhait réalisé.
- En cas de difficultés pour visualiser ce que vous désirez, écrivez avec le plus de détails possible vos pensées. Notez la moindre nuance afin de vous en imprégner. Lisez-les encore et encore jusqu'à ce que vous en soyez totalement imprégné.
- Vous le savez désormais : votre souhait est réalisé.
- Laissez l'univers s'occuper d'acheminer vers vous ce que vous avez demandé. Toute la logistique est gérée intégralement par l'univers ; <u>le comment et quand, c'est son affaire.</u>
- Ayez confiance, seul vous, êtes en mesure d'annuler la commande que vous avez passée.
- Toute commande peut être annulée ou modifiée au gré de vos pensées, de vos peurs et de vos doutes.
- Comprendre que vous avez toujours le choix de vos actions, réactions, et interprétations.
- La déconstruction vous permet une refonte de votre être.
- Tout dépend de vous.

Cette responsabilité est avant tout signe de liberté, elle vous libère des aléas de la vie, de l'incertitude du chaos, elle vous remet au centre de votre vie.

Ceci résume le processus de demande à l'univers.

Très simple à effectuer, vous devez tout de même vous assurer d'avoir en amont, déblayé tout ce qui pourrait entraver l'obtention de vos requêtes à l'univers, à commencer par vos pensées.

Les pensées que vous avez choisies se transforment en croyances.

Les croyances peuvent accélérer ou altérer la réponse de l'Univers à vos demandes.

Ce reset de pensées met fin à bon nombre de victimisations, d'aliénations, de sentiments d'impuissance, de soumissions.

Briser ces chaines peut être effrayant au début. Assumer la responsabilité de sa vie va de pair avec une vie choisie.

Ce livre a pour fonction de vous expliquer l'impact qu'ont vos choix sur votre réalité et de vous permettre de faire des choix éclairés.

Aucune doctrine, aucun dogme.

Vous êtes un maitre divin, nul n'a le droit de vous imposer ses volontés, nul n'a la possibilité de réduire vos aspirations, **seul vous le pouvez.**

En reprenant votre pouvoir et la responsabilité qui vous incombe, vous devenez le créateur divin d'une réalité nouvelle ; **la vôtre.**

Conseils, astuces, exemples

Le présent

« Ici et maintenant » : Le moment présent est un concept qu'il est important de vous réapproprier.

« Le présent » : est le cadeau à partir duquel vous pouvez tout créer. C'est à partir de cet instant présent que vous pouvez vivre vraiment et intensément.

*Rappelez-vous que le passé n'est plus, c'est vous qui l'emmenez avec vous dans votre quotidien, vous empêchant de vous connecter avec l'essence du présent. Le passé masque le présent.

<u>Laissez le passé s'en aller, gardez ses enseignements et avancez.</u>

Projection

La fuite en avant, peut-être l'autre raison pour laquelle vous n'arrivez pas à vivre dans le présent.

Vous vivez avec l'espoir que le moment d'après sera meilleur que ce que vous vivez maintenant. Vous vous projetez sans cesse. Le résultat, c'est que vous passez votre temps à courir.

Cette habitude prise par certains pour de la prévoyance vous empêche toute connexion au présent.

Vous vous épuisez, jusqu'à ce que votre essence vous impose de vous arrêter ; burn-out, dépression, et autres maux physiques, mentaux, énergétiques...

Conseils de connexion au présent

Pour vous raccorder au moment présent, il vous suffit de vous offrir toute votre attention à ce que vous vivez.

Qu'il s'agisse :

- D'une profonde respiration consciente,
- De la visualisation de tout votre être maintenant.
- De nombreuses aides, pratiques ou routines sont à votre disposition pour vous aider et apprendre à ralentir, à vous recentrer.

<u>Cessez d'attendre de l'instant à venir plus que ce que vous vivez maintenant,</u> Votre corps est un précieux ami

- ➢ Entrainez-vous à vous voir en entier.
- ➢ Utilisez vos sens pour vous sentir vivant.
- ➢ Sentez la vie vous parcourir, ainsi, vous pourrez ressentir que tout ce qui vous entoure est vie.
- ➢ Mettez votre attention sur vos gestes du quotidien.
- ➢ Soyez conscient de votre corps, de vos muscles, de ce qui se passe en vous, de la vie en vous.

Exemple : s'ancrer dans l'action.

Mise en situation ⟹ Lorsque vous vous servez un thé,

- ➢ Soyez conscient de votre corps et des mouvements que vous faites pour vous servir ce thé ;
- ➢ Chacune de vos actions est unique.
- ➢ Soyez conscient de toutes les actions que votre corps parfait effectue pour réaliser cette simple action.
- ➢ Étendez ensuite cette attention à ce qui vous entoure, aux bruits, aux odeurs, pour revenir à vous.

➤ Soyez conscient du gout, du toucher, de toutes ces interactions que vous vivez souvent sans vous en rendre compte.

➤ Ouvrez-vous au monde infini de la présence à vous-même.

Voici des décrets que vous pouvez énoncer pour signifier votre désir de vous ancrer dans le présent :

- Je suis!
- Je suis parfaitement ancré dans le présent !
- C'est ici et maintenant que je vis !
- Je choisis de vivre dans le présent !
- Je vis ici et maintenant !

Ces décrets sont une trame qu'il convient d'adapter à vous-même. Choisissez les mots qui vous parlent.

Harmonie/dysharmonie

Être témoin conscient de l'harmonie qui règne en tout ce qui est, est un accomplissement en soi.

Souvent, votre attention est aspirée par ce qui dénote.

<u>La dysharmonie n'est que la rupture de l'harmonie intrinsèque en tout ce qui est.</u>

Votre attention accoutumée à ces dysfonctionnements perd cette capacité à reconnaitre et apprécier l'harmonie ; s'ennuyant en attendant que se produise une autre rupture.

Ces dysharmonies prennent tant d'ampleur dans vos vies, que vous ne voyez plus que cela.

Vous occultez l'harmonie continuelle présente en arrière-plan, pour vous concentrer sur les imperfections.

Votre attention, la clef

- Donnez la chance au présent de vous émerveiller.
- Le présent est magnifié par votre présence.
- Votre attention est indispensable, rien ne peut naitre du néant.
- En posant votre attention sur ce qu'il se passe en vous maintenant, vous pouvez accéder à l'harmonie universelle.
- Votre essence est parfaitement reliée au tout.
- Seul vous pouvez choisir de vous connecter consciemment ; à la totalité. Même si vous y êtes

connecté à chaque instant, c'est votre conscience d'être qui vous ouvre aux dimensions universelles.

Rappelez-vous que tout part de vous pour revenir à vous dans votre vie.

Être le témoin conscient de ce que vous vivez maintenant est important.

C'est maintenant !

<u>Savourez votre pleine santé</u>, savourez tous les bienfaits accordés.

> ➤ C'est maintenant qu'il faut les mettre au premier plan.

Les regrets sont amers, mais vont de pair avec l'absence de vie au présent.

Vous perdre dans les illusions du passé et du futur vous fait courir après une vie faussée, un bonheur perdu d'avance.

Il est encore temps de vous retrouver, de vous redécouvrir, de vous aimer maintenant.

*Rappel :

« Vos choix vous appartiennent, les conseils diffusés ici sont des aides que vous êtes libre de prendre ou de laisser. Faites toujours ce qui résonne avec vous-même ».

« Les égrégores négatifs » : si vous êtes conscient et présent, vous pouvez les ressentir : semblable à une pression, une lourdeur, une baisse d'énergie.

Vous pouvez vous en détacher en déclarant ceci:

« Je suis conscient et présent, je donne mon énergie à ce que j'ai choisi d'intégrer à ma réalité. »

« Tout va bien ici et maintenant, je respire lentement, profondément et je me détends »

Face à une vampirisation d'égrégores :

➢ Prenez le temps de faire de profondes respirations.
➢ Remettez-vous dans l'instant présent afin de dissiper toutes les peurs qui y sont rattachées.

Après avoir constaté qu'ici et maintenant tout va bien, vous pourrez vous détacher de son emprise.

Rétroaction.

Lorsque vous vous rendez compte que vous avez participé à nourrir un égrégore et que vous voulez y mettre un terme, vous pouvez, en plus de ces décrets, choisir :

<u>« de réorienter votre énergie vers un égrégore positif puissant véhiculant des valeurs qui vous portent, qui élèvent vos vibrations et améliorent votre bien-être ».</u>

Cela coupe net le lien que vous avez précédemment créé.

Face aux « sentiments de honte et de culpabilité »

Opposez à la honte et à la culpabilité le pardon au plus vite.

Le pardon que vous vous accordez est un cadeau inestimable que vous vous faites.

Le pardon est placé très haut sur l'échelle émotionnelle. Capable de vous extirper des tourments provoqués par la culpabilité et la honte.

Pour les paroles que vous regrettez, vous pouvez dire

« J'annule dès à présent les paroles dites concernant le sujet et les remplace ici par (les nouvelles paroles que vous choisirez pour remplacer les anciennes). »

Et bien sûr en premier lieu, vous excuser auprès de l'intéressé.

La négation.

Un exemple pour être bien clair dans la phrase ;

« Je ne veux surtout pas être interrogé ce matin par la maitresse. »

Traduction faite par l'univers, cela signifie :

« **Je veux** surtout être interrogé par la maitresse », d'autant plus que la peur qui y est attachée ajoute à votre demande un caractère d'urgence.

Il faut répondre de toute urgence à cette demande !

Qu'il en soit ainsi !

Ôtez de vos demandes les négations. Si vous avez des difficultés, consultez un dictionnaire des contraires ou des antonymes pour vous y aider.

Regardez les définitions des mots pour vérifier que ce soit bien ce que vous désirez matérialiser.

Il vous est conseillé de vous aider d'un dictionnaire d'antonymes pour ôter toutes négations de votre discours.

La reconnexion à votre cœur :

Quelques conseils pour rétablir le contact avec votre cœur.

- ✓ Mettez-vous face à votre miroir, seul avec vous-même, au calme.
- ✓ Regardez-vous dans les yeux et dites-vous : « je t'aime. »
- ✓ Répétez-le tant que nécessaire. (Les larmes nettoient.)
- ✓ Présentez vos excuses pour toutes ces fois où vous ne vous êtes pas écouté, choisi, aimé...

- ✓ Laissez sortir ce que vous avez envie de vous dire...
- ✓ Prenez ensuite la décision de toujours écouter le guide parfait qu'est votre cœur.
- ✓ Déclarez-lui votre confiance.
- ✓ Rendez-lui les rênes : demandez-lui de vous guider.

« J'ai confiance en mon cœur divin, mon guide parfait ! »

Il faudra ensuite apprendre à vous comprendre.

- ➢ C'est à vous d'explorer, de tâtonner, d'essayer ce qui vous convient pour communiquer avec votre cœur divinement guidé.

NB : Ces lignes sont un exemple de reconnexion : à vous de trouver celui qui vous sied. Sachez que ce lien est déjà présent, mais que c'est à vous de le réactiver.

Vous avez bien sûr le choix de laisser les portes closes, si vous le souhaitez.

Lutter contre.

Voici des exemples parlants : « La lutte contre le cancer, la lutte contre les violences familiales... »

Il est préférable de **lutter pour**... Plus de moyens, pour la santé, pour l'harmonie familiale...

Choisissez de « lutter pour » ce qui compte pour vous.

Prenez soin de vous :

Maintenant que vous savez que tout se déroule dans le présent, il est crucial de vous occuper de l'être autour duquel s'articule votre vie : <u>vous-même</u> !

Vous aimer est la clef d'un bonheur retrouvé.

La bienveillance est votre meilleure alliée.

Il peut être difficile pour nombre d'entre vous de vous voir autrement qu'à travers ce que vous considérez être des défauts.

En agissant de la sorte, vous amplifiez leurs nombres et leurs portées.

À mesure que vous vous dépréciez, vous intensifiez vos manques et faiblesses.

Tout ce sur quoi vous portez votre attention est nourri et amplifié.

<u>Vous avez toujours raison dans votre réalité.</u>

Tutoriel pour commencer à vous apprécier

➤ <u>Commencez petit, trouvez un compliment à vous faire.</u>

Ce pas vers vous déclenchera un changement.

- 🌑 La conséquence immédiate, c'est que ces mots résonneront dans tout l'univers. Un retour de même vibration est déjà acté.
- 🌑 Vous amorcez un réalignement. Très vite, vous arrivez à percevoir de nouvelles qualités enfouies en vous.

Si vous manquez d'inspiration, des listes de phrases positives sont disponibles à la fin de ce recueil.

À mesure qu'elles seront répétées, elles deviendront vraies.

Essayez, vous verrez !

Écoute active

Prenez le temps de vous écouter. Ces minutes que vous vous accordez sont des investissements précieux, des cadeaux faits à vous-même.

Certains d'entre ont beaucoup de difficultés à extraire du positif d'eux-mêmes, à tel point qu'une intervention extérieure a été nécessaire.

Ils ont été mis sur votre route pour vous éprouver.

Ils vous incitent à réagir. Ils vous poussent dans vos retranchements, ils vous poussent à vous choisir.

Vous choisir, c'est décider de prendre votre propre partie. C'est un pas énorme.

Quand vous le faites, vous envoyez à l'univers le message suivant :

« Je compte »

Cette prise de conscience à elle seule vous ouvre des chemins inexplorés qui vous étaient jusqu'alors impossibles d'arpenter.

D'autres êtres, par l'amour qu'ils vous portent, vous mettent face au constat : si d'autres sont capables de vous aimer, peut-être est-ce tout simplement que vous êtes « aimable ».

Ils perçoivent des qualités chez vous, qui vous sont pour l'heure occultées.

Une vie sur mesure

La vie que vous vivez vous est parfaitement adaptée.

Il est foncièrement inutile de lorgner la vie des autres, c'est à vous de changer votre réalité.

> ➢ Accordez-vous des moments qui vous font plaisir, qui vous font du bien.
> ➢ Apprenez de vous-même.
> ➢ Chaque expérience vécue est une mine d'informations sur vous.

Demandez de l'aide à l'enfant qui est en vous pour vous souvenir de ce qui vous fait sourire et rire.

Chacun des moments passés avec vous-même est unique et irremplaçable.

Certains passeront volontiers par la méditation, d'autres s'évaderont par le jeu, le sport, la musique, l'art...

Vous êtes unique, à vous, de trouver ce qui vous fait vibrer.

Essayez, expérimentez, apprenez à vous connaitre.

Table rase :

Il s'agit de déblayer vos acquis.

Vos certitudes sont-elles vôtres ? Ou vous ont-elles été léguées ?

Comprendre cela est essentiel ; toutes les vérités coexistent ; la seule chose qui importe c'est « ce que vous pensez vrai ».

Ce que vous croyez influe totalement sur la réalité que vous vivez aujourd'hui.

Tout ce en quoi vous croyez s'invite et se développe dans votre réalité.

Vos croyances permettent la matérialisation de ce que vous nourrissez de votre attention.

Vous participez à la matérialisation de ce en quoi vous croyez ; et ce, même si vous en pensez du mal ou avez un sentiment contraire à son sujet.

Votre attention a le pouvoir de créer votre réalité.

Reprise de pouvoir

Pour créer au plus près de vos attentes, posez-vous les questions suivantes :

« Est-ce que ce que je pense / ce que je crois est en accord avec ce que je veux » ?

Il s'agit d'ôter de votre réalité les limitations, les incohérences, les contradictions que vous vous êtes fixées et avez acceptées comme vraies ou qui vous ont été inculquées.

Il est urgent d'épurer vos pensées et croyances.

Conseils pour la visualisation :

Pour ceux qui ont des difficultés à se visualiser ;

- ➢ Prenez le temps de vous regarder dans le miroir.
- ➢ De regarder des photos de vous et de ce que vous désirez faire entrer dans votre réalité.
- ➢ Écrivez votre demande avec le plus de détails possible.

À mesure que vous vous relirez, vous pourrez arriver à visualiser ce qui est écrit, comme un fait, et donc réel.

Comme la lecture d'un roman où vous êtes le personnage principal, vous pourrez percevoir une autre réalité à travers les mots,

Dites-vous qu'il s'agit d'une autobiographie.

Ce que vous écrivez est déjà incarné, même si vos yeux ne sont pas encore capables de le distinguer, tout est pourtant déjà là. Il s'agit d'un acte de foi.

Vous possédez un puissant pouvoir, que seuls des êtres conscients peuvent utiliser à bon escient.

Bien souvent, vous avez appris à appréhender les évènements de votre vie, comme s'il s'agissait de survivre.

Le mental :

Votre mental a été contraint de prendre les rênes de votre vie.

Il a fait de son mieux pour vous permettre de survivre.

Se servant de vos expériences et de toutes les informations qui vous ont été apportées (médias, réseaux sociaux, contes et légendes).

Ainsi, pour vous protéger, il a accepté toutes les peurs, les aprioris, toute transmission de l'extérieur comme vérités potentielles.

Le mental n'a en référence que le passé.

Ses références, sa ligne de conduite dépendent de ce qu'il connait déjà.

Les schémas et les répétitions le rassurent, c'est du connu, même si c'est difficile, cela reste préférable à vivre dans le présent sur lequel il n'a aucune prise, pour lui, il y a un risque réel de mort à être dans l'instant présent.

Le présent est la fenêtre de tir où tout peut être consciemment créé, échappant à son contrôle. Le mental préfère l'éviter. Il n'est pas équipé pour guider l'être que vous êtes dans le présent.

Son rôle se résume à celui d'exécutant.

Cœur guide parfait

Seul votre cœur peut vous guider au présent.

Cet organe a la capacité de vous connecter avec les parties subtiles les plus élevées de vous-même.

Rappel : Pour vous connecter au présent, il vous suffit de :

- Prendre de grandes inspirations en mettant votre attention sur ce qui se passe en vous. Ces inspirations vous ramènent dans l'ici et maintenant.
- Ressentir votre corps, ressentez vos extrémités, puis centrez-vous sur votre cœur.
- Essayez d'entendre de ressentir les battements de votre cœur, tout en continuant de respirer en conscience.

Ça y est, vous êtes à la maison ! Dans ce havre de paix où nul autre que vous peut y séjourner.

Depuis votre refuge, vous avez la possibilité de diriger votre réalité.

Votre tour de contrôle depuis laquelle vous pouvez vous connecter au Tout, à tous les univers multidimensionnels.

Vous avez accès depuis cet espace à des parties encore inexplorées de vous-même.

<u>Tout part de vous et revient à vous.</u>

Voici quelques phrases pouvant faciliter cette connexion privilégiée avec vous-même.

- <u>Je suis connecté à mon cœur divin.</u>
- <u>Je reçois les précieux enseignements de l'Univers.</u>
- <u>C'est en mon sein que tout se déroule maintenant.</u>

Cette connexion au présent peut être difficile selon votre état du moment ;

Lorsque vous vous sentez perturbé, pensez à <u>utiliser la gratitude</u> afin de vous détacher des pensées lourdes.

C'est réellement une aide précieuse pour vous extirper du marasme de pensées torturées, plombées et basses en vibrations.

Par la gratitude, vous reprenez les commandes de votre réalité.

Vos paroles

Concernant vos paroles, vous avez la possibilité d'annuler des paroles dites sur le coup de l'émotion.

Vous avez un laps de temps permettant de réparer les invocations involontaires proférées.

Le décret : « J'annule, j'efface », remplit parfaitement cette fonction.

La transmutation

« La transmutation » permet d'agir sur vos émissions déjà prises en compte par l'Univers.

Comptez qu'à partir de 15 minutes après une émission, vous pouvez utiliser la transmutation.

Le décret de transmutation permet de transformer votre émission (pensées, paroles...) en une vibration qui sera toujours plus élevée que celle du départ.

Définition : La différence entre la transmutation et la transformation : la transformation est un changement d'état

(cet état peut passer du bien au moins bien, d'une vibration haute à une vibration plus basse), alors que la transmutation est un changement d'état plus élevé ; ce changement sera toujours supérieur en vibration à l'état précédent.

Décret :

« Je transmute mes paroles, mes pensées et mes actes passés ici et maintenant. »

Il vous suffit ensuite de vous ancrer à nouveau dans votre présent pour reprendre le cours de votre vie.

Les maux physiques :

Lorsque des maux physiques font leurs apparitions, ils sont bien souvent porteurs d'informations précieuses vous concernant.

Du « trop » ou du « moins », dans les différentes sphères de vos vies.

Prendre le temps d'écouter le compte rendu que votre corps vous fait est une priorité.

Il peut être difficile pour certains d'entendre leur corps ; la peur peut prendre la parole et vous assener de multiples angoisses.

Une bouée, dans la tempête

Afin d'éviter de vous sentir submergé sous un flot de pronostiques plus catastrophiques les uns que les autres, voici quelques phrases à vous répéter :

« Tout va bien ici et maintenant »

Tout en respirant profondément, sentez-vous vivant et remerciez pour ce cadeau.

« Mon mental est apaisé, je suis parfaitement connecté à ma divinité. »

« Je laisse remonter toutes informations concernant ma santé. »

« Je remercie mon corps de me communiquer les changements à opérer. »

Une fois fait, faites vos examens médicaux confiants.

Rappelez-vous que vous aurez toujours la possibilité de réagir le moment venu.

En vous focalisant sur vos angoisses, vous permettez de les voir s'incarner dans votre réalité.

Ce que vous demandez avec force, vous le recevrez plus fort encore.

Les réponses peuvent vous venir de suite ou plus tard, chacun est différent.

Elles vous viendront soit directement, soit via divers médias, les discussions, les personnes que vous rencontrerez, etc.

La pleine santé manifestée appliquée

Il est important de rappeler le Décret principal concernant la santé :

« Je suis la pleine santé manifestée ! »

Plus vous ferez vôtre cette vérité, plus son impact sera fort, permettant de manifester pleinement ce qui est inscrit dans vos gènes depuis le commencement de toute éternité.

La pleine santé manifestée reprend sa place dans votre réalité.

La pleine santé fait partie de vous. Focalisez-vous sur le résultat escompté plutôt que ce que vous redoutez.

La visualisation et la définition des concepts

Il vous est conseillé de décrire avec le plus de détails possible ce que vous voulez voir s'incarner.

La représentation que vous avez d'un objet varie toujours d'une personne à l'autre. Votre perception diffère, il est donc important de définir ce que signifie pour vous ce mot.

L'exemple du mot bureau : chacun verra un bureau différent à l'évocation de ce mot.

Certains le verront en bois, métallique... Sa couleur différera aussi, ainsi que son design, sa taille, etc.

Soyez conscient que, d'une personne à l'autre, un mot aura une image différente dans l'esprit de chacun.

Telle l'image que vous avez d'une pomme, certains la verront rouge, d'autres jaune ou verte...

> À vous de savoir ce que signifient les mots pour vous. Il vous sera ainsi possible de réajuster et d'adapter vos demandes à ce que vous désirez.

Ex. : Qu'est-ce que l'Amour pour vous ?

> Représentez-le-vous avec le plus d'images et de détails possible, pour recevoir ce que vous désirez vraiment.

Vous avez tout à fait la possibilité de vous tromper, il vous suffit de réajuster les composantes de votre réalité, pour recevoir avec les modifications voulues.

De vastes notions sont concernées, l'amour, la paix, l'abondance, l'argent... quelques-uns des concepts souvent présents dans les demandes que vous adressez à l'univers.

Il est important de savoir ce que ces concepts évoquent pour vous. Tant que cela reste au niveau de concept, vous ne pourrez qu'y accéder vaguement.

« La paix », autre notion dont peuvent découler d'innombrables interprétations.

Qu'est-ce qu'elle signifie pour vous. Visualisez-le, pour l'attirer à vous.

Posez-vous la question sur tous les mots employés lors de vos demandes ; qu'il s'agisse d'un travail ou de toute autre demande, soyez le plus précis possible.

Dans le cas contraire, vous attirerez à vous une expérience qui servira de <u>base à améliorer.</u>

Cette étape peut prendre un peu de temps ou être très rapide, chacun est différent.

C'est à vous de définir les concepts pour vous-même.

Beaucoup de notions sont à définir avant vos demandes.

« Être riche », autre demande fréquente.

Comprenez que sans donner plus d'informations, cela reste vide de sens, il y a autant de définitions qu'il y a d'êtres.

Que signifie « être riche pour vous », c'est à vous de le définir.

Posez-vous la question :

<u>« Que signifie... pour moi? » Et répondez-y !</u>

Ex. : Que signifie la paix pour moi ?

Après avoir répondu à cette question, votre demande sera plus palpable et beaucoup plus facile à visualiser.

Cette visualisation participe à la matérialisation de vos désirs ; comment matérialiser quelque chose que vous n'arrivez pas à imaginer ?

Ainsi, vous rendez possible l'arrivée de miracles dans votre vie.

<u>Tout part de vous et revient à vous.</u>

Ayez confiance !

Ce que vous désirez à l'instant « T » peut être modifié, ou annulé quand vous le souhaitez.

Inutile de laisser le doute s'infiltrer dans vos communications célestes.

> ➤ Opposez au doute la confiance !

Voici quelques mantras à vous répéter.

- ✓ « J'ai confiance en la perfection de l'univers et en sa toute-puissance. »

- ✓ « Je suis aimé par l'Univers. »
- ✓ « L'Univers réalise chacun de mes souhaits. »
- ✓ « Je suis le créateur de ma destinée, c'est une vérité. »

<u>« Le lâcher-prise est la confiance en la perfection de la logistique universelle. »</u>

Tout est déjà là, même si vous ne le voyez pas encore. Il est nécessaire que tout soit parfait pour recevoir ce que vous avez demandé. Vous y compris !

Ex. : Vous faites la demande d'être riche, mais vous êtes venu apprendre à rester soudé avec votre partenaire contre vents et marées.

Ce ne sera que lorsque vous aurez réussi à obtenir cette relation que vous pourrez percevoir votre demande.

Les demandes que vous faites ne peuvent contrecarrer les objectifs de vie que vous êtes venu expérimenter.

« J'ai confiance dans le timing divin de l'univers, je le sais : ce que je demande est déjà là. Tout me sera dévoilé lorsque je serai prêt. »

Votre avis, votre réalité

Retrouvez votre place de maitre conscient.

Lors de conversations, il est aisé de se laisser déborder par les paroles des autres, sûrs d'eux-mêmes, de leur vérité.

Appliquez ceci pour contrer les idées qu'ils tentent de vous imposer à force d'arguments.

Dites-en vous-même ceci :

« Chacun a le pouvoir de choisir la vérité qu'il veut voir s'incarner dans sa réalité... »

« Toutes les réalités, opinions, croyances coexistent, moi, je choisis que « ... » est vérité dans ma réalité. »

Les limitations

Les limitations dont vous prenez conscience peuvent être transmutées comme suit ;

« Je décrète ici et maintenant que la croyance... est à présent caduque et la remplace par... ! »

Ainsi, vous actualisez et interrompez les effets des limitations dont vous avez pris conscience.

Dès qu'une limitation se montre à vous, vous pouvez la désarmer de la sorte.

Rappel :

Vous pouvez bien entendu choisir de reformuler ces décrets.

Pensez à <u>remplacer vos anciennes croyances, pensées et actions par de nouvelles.</u>

La Gratitude

La gratitude vous permet de garder de hautes vibrations, vous continuez à émettre de hautes fréquences.

Vous ne savez pas pourquoi remercier, voici quelques exemples :

« Je remercie pour ma vie. »
« Infinie gratitude pour cette journée qui m'a été accordée de vivre encore aujourd'hui. »

« Je remercie pour tous ces êtres merveilleux faisant partie de ma vie… »

> ➤ Remerciez pour les grandes comme les petites choses :

Ex : L'eau que vous buvez, l'air que vous respirez, votre lit, pour ceux que vous aimez, pour votre vue… ».

> ➤ Remerciez pour tout ce qui facilite votre vie.

Il y a tant de sujets pour lesquels vous pouvez vous sentir reconnaissant, si vous le souhaitez…

Reconnexion à votre joie intrinsèque :

<u>C'est en passant par votre enfant intérieur que vous pourrez renouer avec votre joie. Votre enfant intérieur en est le gardien.</u>

Cet enfant en vous est votre « page »; espiègle et aguerri au service de votre être.

Définition de « page » : jeune garçon, jeune homme généralement d'origine noble, attaché au service d'un roi ; ici le roi, c'est vous.

Il possède la clef de votre passé indispensable à l'accession de votre avenir souhaité.

Il est important de lui rendre visite afin d'être à nouveau complet et de retrouver votre toute-puissance créatrice parfaite.

Attente cachée

Exemple : lorsque vous laissez passer un piéton en voiture ou que vous tenez la porte à quelqu'un.

Pourquoi le faites-vous ? Pour être polie ? Pour être serviable ? Pour être gentil ? Pour que l'on pense de vous que vous êtes bien élevé ? Ou pour que l'on vous remercie ?

Faites-le parce que vous en avez envie ou ne le faites pas !

Cela vous évitera d'avoir des attentes envers l'autre qui ne vous a rien demandé.

Vous avez remarqué ce que vous ressentez lorsque l'autre décide de ne pas vous remercier. Vous agissez comme s'il vous avait spolié de ce que vous étiez en droit de recevoir.

La galanterie laisse place à la colère, voire à la violence dans vos paroles, actes et pensées.

En agissant pour vous, vous êtes le maitre puissant à même d'accueillir comme un cadeau les remerciements s'ils sont présents.

Ce faisant, vous assainissez vos relations.

La maitrise de vos vibrations vous permet de garder le cap fixé.

Vous ôtez à l'autre tout pouvoir sur vous.

Je suis : mots magiques.

Lorsque vous dites : « Je suis... », vous signifiez à l'univers votre choix profond.

Vous ordonnez à toutes les parties de vous-même de se confor mer à ce que vous déclarez.

En employant cette phrase, vous avez la capacité de mettre en application le meilleur comme le pire instantanément.

Ces mots ont une application directe dans votre réalité.

Faites attention aux phrases telles que :

⇒ « Je suis malade <u>», d'un état passager, vous inscrivez en votre essence cette nouvelle vérité en vous.</u>

⇒ « Je suis bête... ». <u>Ou toute autre critique, qui s'applique immédiatement dans votre réalité.</u>

Vous avez la responsabilité de ce que vous choisissez de dire et de croire à votre sujet.

"Je suis" est un décret. Un ordre, une ordonnance adressée en premier à vous-même. Votre corps, votre esprit, toutes vos composantes vous croient et s'y conforment.

Choisissez de penser et de dire le meilleur à votre sujet.

Pensez à vous aimer !

L'alignement

Vous êtes un être complexe complet.

Il peut arriver que vous soyez désaligné, qu'un grain de sable se glisse dans les rouages parfaits de votre être.

De nombreuses méthodes existent pour vous aider à rétablir l'équilibre de votre être...

Il est important de trouver celle qui vous convient et de ne pas hésiter à faire évoluer vos pratiques, les adapter à ce dont vous avez besoin.

L'ancrage, le nettoyage énergétique, la respiration, toutes les différentes purifications proposées participent au réalignement des composantes de votre être.

Rappelez-vous que ce que vous croyez est vrai dans votre réalité. Prenez soin de vous, soyez à l'écoute de ce qu'il se passe en vous.

Rappelez-vous que vous êtes la pleine santé manifestée de toute éternité. Les variations et les mises à jour sont normales.

<u>Vous êtes le maitre incontesté incontestable de votre vie.</u>

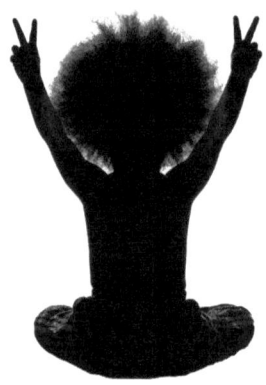

Chaque croyance fait naitre une nouvelle réalité.

Voici une liste de croyances mise à votre disposition afin de vous aider, choisissez celles qui vous plaisent.

- ♥ Le corps humain est un cadeau divin parfait en tous points.
- ♥ Faire l'amour est la panacée donnée par l'amour.
- ♥ Il suffit de croire qu'on a déjà reçu pour recevoir.
- ♥ Chaque rencontre apporte un matériau utile à mes transformations.
- ♥ Être ou paraitre, telle est la question.
- ♥ J'ai toujours été parfait, chaque moment participe à mon évolution.
- ♥ Ce que je reçois dépend toujours de moi.
- ♥ La gratitude amplifie les cadeaux que je reçois de la source.
- ♥ Tout part de moi.
- ♥ L'autre est mon reflet.

♥ L'abondance attire l'abondance, le manque attire le manque.

♥ Le seul être que je peux changer, c'est moi-même.

♥ J'ai le pouvoir de tout changer.

♥ Je crée ma réalité.

♥ Tant que je fais de mon mieux, tout est merveilleux.

♥ Ce que je vibre me revient toujours.

♥ La gratitude amplifie et cible les cadeaux que l'univers m'envoie.

♥ Je peux tout réaliser.

♥ Tout commence par moi et finit par moi.

♥ Ma vie est ce que j'en fais.

♥ Personne ne peut mieux choisir que moi pour moi.

♥ Ma réalité est la somme de mes pensées choisies.

♥ Les pensées nourries sont les graines de mes croyances futures.

♥ Mes croyances sont tutrices de ma réalité.

♥ Chaque instant, je peux décider de modifier ma réalité.

♥ Chaque vérité enfante une nouvelle réalité.

♥ Vibrez haut, vibrez l'amour.

♥ Les basses vibrations ne peuvent atteindre l'être heureux d'exister.

♥ M'aimer est la base de l'amour véritable.

♥ L'argent est une énergie.

♥ La matière est une énergie densifiée.

♥ La Foi valide mes pensées les plus élevées.

♥ Le présent est le seul temps me connectant aux univers entiers.

♥ Plus je m'aime, plus je comprends l'autre.

♥ Le partage crée le lien.

♥ L'univers pourvoit à chacune de mes demandes.

♥ Chacun de mes sourires me revient multiplié.

♥ Tout ce que je désire est déjà là pour moi.

♥ La patience vient avec les années.

Nouvelles pensées

« D'une phrase peut naitre un avenir nouveau ! »

Voici différentes listes de pensées positives à vous réapproprier, afin de permettre la matérialisation de leurs effets dans votre réalité.

Aussi appelées affirmations positives, ces phrases servent à vous élever.

Leurs répétitions participent à déconstruire d'anciennes croyances toxiques, tout en servant de base à de nouvelles croyances choisies.

Lorsque vous commencez l'affirmation de phrases positives, vous pouvez sentir comme un décalage au début qui se résorbe un peu plus chaque jour.

Votre subconscient, à force de répétitions, commence à vous croire, cela devient de plus en plus naturel et de plus en plus vrai pour vous ; et cela se matérialise dans votre réalité.

Listes de pensées bienveillantes :

Liste 1

1. *Je peux tout réaliser*
2. *Chaque pas es tune découverte*
3. *Mon coeur divin a toujours raison*
4. *Je suis toujours la route indiquée par mon coeur*
5. *J'ai confiance en la vie*
6. *J'apprends à chaque instant*
7. *J'aime*
8. *Je suis ce que je suis*
9. *J'ai confiance en moi aujourd'hui*
10. *Toutes les beautés observées sont mon reflet*
11. *Je suis*
12. *Plus j'avance, plus je comprends*
13. *Je suis illimité*
14. *Je suis protégé*
15. *Je suis inconditionnellement aimé*
16. *J'ai foi en moi*
17. *La gratitude fait partie de ma vie*
18. *Je reçois ce que je suis*
19. *Je peux changer ma réalite*
20. *Aimer est la clef*
21. *Plus je m'aime, plus je suis entier*

Liste 2

1. M'accepter est un cadeau que je me fais
2. Plus je m'aime, plus je me comprends
3. Je choisis ma réalité
4. La vie est une amie dévouée
5. Je mérite d'être aimé
6. Je suis en paix
7. Je suis libre d'être ce que je suis
8. Je suis amour
9. L'argent est une énrgie
10. Je suis riche
11. Mes blessures sont autant d'occasions de m'aimer
12. Je m'accepte
13. Je me pardonne
14. Je m'aime
15. Je suis ce que je suis
16. Je mérite le meilleur
17. Je peux tout avoir
18. Je suis indispensable au tout
19. Je compte
20. M'aimer eest la première tâche à effectuer
21. Mon coeur est mon seul guide

Liste 3

1. Je m'aime
2. Je suis important
3. Je suis présent
4. Je prends soin de moi
5. Je m'écoute
6. Mon bonheur est en moi
7. Je pardonne
8. J'apprends
9. Je comprends
10. J'ai foi
11. J'aai confiance en la vie
12. Je peux choisir
13. Je relache toutes les lourdeurs du passé
14. La vie est abondance
15. Je suis bienveillant envers moi-même
16. Plus j'aime plus je suis heureux
17. Je me respecte
18. Je choisis les êtres de ma réalité
19. Je souris à la vie
20. Je remercie
21. Je réussi

Liste 4

1. Mes pensées orientent ma destinée
2. Je suis maitre de ma vie
3. Je peux tout créer
4. J'ai confiance en moi
5. Je suis tout puissant dan stoutes les sphères de ma vie
6. Je m'aime tel que je suis
7. Je suis intelligent
8. Je peux tout apprendre
9. Je choisis maintenant mon futur
10. Je respecte mon intégrité
11. Je m'écoute
12. Je respire profondément
13. Je souis à la vie vie et la vie me sourit
14. Je suis riche
15. J'ai tout ce dont j'ai besoin ici et maintenant
16. Je suis complet
17. Tout participe à mon épanouissement
18. J'ai foi en l'univers
19. J'écoute toujours mon coeur
20. Je remercie
21. Je suis accomplie

Liste 5

1. Je suis capable
2. Je suis mon meilleur ami
3. Je suis libre
4. Je suis puissant
5. J'ai foi en la vie
6. Je me choisis
7. Je m'apporte de l'attention
8. Je peux tout réaliser
9. Le meilleur m'attend
10. Je mérite le meilleur
11. Seul moi peut me sauver
12. La vie est mon alliée
13. J'ai toutes les capacités nécessaire
14. Je suis aimé
15. Mes expériences m'enrichissent
16. Chacun de mes pas est une victoire
17. Ce que je crois est réel pour moi
18. Je crois en moi
19. Je vais bien
20. Je suis la pleine santé manifestée
21. Je souris à la vie

Liste 6

1. Je suis épanouie
2. J'aime ma vie
3. Je comprends que l'autre est mon reflet
4. L'amour est ma protection
5. La gratitude attire la gratitude
6. Chacune de mes pensées participe à me réaliser
7. Je respire
8. Je suis en vie
9. Les opportunités se présentent à moi
10. J'avance
11. Je me pardonne
12. Je suis unique
13. Je suis le maitre de ma vie
14. Je cultive ma joie
15. Je sui bienveillant envers moi-même
16. Je suis la beauté que je vois
17. J em'accorde l'attention dont j'ai besoin
18. Je rencontre des êtres merveilleux
19. Je suis responsable
20. Je suis mon meilleur ami
21. Je suis le maitre de ma vie

Remerciements

« Qu'ils s'agissent d'amis ou non, toi que j'ai rencontré ou croisé. Toi avec qui j'ai eu la chance de faire un bout de chemin ou avec qui je me suis télescopé, je te remercie ; ton intervention a participé à une meilleure connaissance de moi-même.

Je remercie mes proches ; ma famille et mes amis. Merci pour vos conseils, votre aide et vos encouragements ; maman d'amour et mes sistas chéries merci, Antonorer tu es la meilleure !

A toi l'homme de ma vie, merci pour tout ; Laïa mon ange, Nini, Lianou mon grand : je vous aime.

Merci infiniment pour le cadeau que sont ces merveilleuses canalisations reçues ; merci pour ces réponses. Merci à l'univers d'etre présent à chaque instant, en chacun, perpétuellement.

Gratitude infinie pour ce cadeau qu'est la vie ! »

Lis'âmOr

Table des Matières

Mode d'emploi : La vie est ce que vous en faites !

Vous souhaitez réagir ou discuter de ce livre rendez vous sur
le site internet : https://lisamorenergies.com/

Pour contacter l'auteur contact@lisamorenergies.com

Prenez soin de vous !

@lisamor.energies